大医释问丛书

一本书读懂
性健康

孙自学　李鹏超　主编

中原农民出版社

·郑州·

图书在版编目（CIP）数据

一本书读懂性健康 ／ 孙自学，李鹏超主编.--郑州：中原农民出版社，2024.1
ISBN 978-7-5542-2682-7

Ⅰ.①一… Ⅱ.①孙… ②李… Ⅲ.①性教育-青少年读物 Ⅳ.①G479-49

中国国家版本馆CIP数据核字（2023）第176921号

一本书读懂性健康

YI BEN SHU DUDONG XING JIANKANG

出 版 人：刘宏伟
策划编辑：刘培英
责任编辑：张茹冰
文字编辑：刘培英
责任校对：王艳红
责任印制：孙 瑞
装帧设计：杨 柳

出版发行：中原农民出版社
　　　　　地址：郑州市郑东新区祥盛街 27 号　　　　邮编：450016
　　　　　电话：0371-65788677（编辑部）　　　　0371-65713859（发行部）
经　　销：全国新华书店
印　　刷：新乡市豫北印务有限公司
开　　本：710 mm×1010 mm　1/16
印　　张：10
字　　数：136 千字
版　　次：2024 年 1 月第 1 版
印　　次：2024 年 1 月第 1 次印刷
定　　价：49.00 元

如发现印装质量问题，影响阅读，请与印刷公司联系调换。

编委会

主　编　孙自学　李鹏超

副主编　张　辉　张幸华　郝高利

　　　　　付晓君　陈　翔

编　委　孙自学　李鹏超　张　辉

　　　　　张幸华　郝高利　付晓君

　　　　　陈　翔

内容提要

性健康对于个人、夫妻和家庭是否幸福都至关重要，但是在现实生活中，大家往往谈"性"色变，因此科学普及性健康相关知识就显得十分必要。本书采用一问一答的形式，将读者关心的、医生常见的相关问题，用通俗易懂的语言，结合相关案例进行了详细解答，主要包括性健康的基本常识、不同年龄阶段的性健康、安全避孕与性健康、男性性功能障碍与性健康、女性性功能障碍与性健康、常见性病与性健康、其他常见的性健康问题、防治与调护等几个部分。期待本书对读者朋友能有所帮助，在遇到与性健康有关的问题时，能理性认识，科学对待，正确应对！

目 录

基本常识

不同年龄阶段的性健康

安全避孕与性健康

男性性功能障碍与性健康

女性性功能障碍与性健康

常见性病与性健康

其他常见的性健康问题

防治与调护

基本常识

 什么是性健康

性健康是指一种在性生理、性心理和社会层面都健康的状态。即在不受胁迫、歧视和暴力的情况下享受令人愉悦、安全的性体验。基于世界性学会关于性权利的宣言，性是每个完整人格中不可或缺的部分，性健康不仅是指不再有性功能的障碍及疾病等问题，它还包含了接触的欲望、亲密、情绪表达、愉悦、温柔体贴及爱情等人类基本需要的满足。性健康是人类的基本需求，我们不要羞于言表，更不必谈"性"色变。性是美好的，是人类生活中必不可少的一部分，是人们找到自我和发展亲密关系的重要方式，是构筑幸福家庭、建设和谐社会的重要因素。

 什么是性腺

性腺又称生殖腺，是产生生殖细胞和分泌性激素的器官。包括男性的睾丸和女性的卵巢。睾丸是男性性腺，位于阴囊内，左、右各一，呈椭圆形，表面光滑，分前、后缘，上、下端和内、外侧。卵巢是位于子宫后外上方，左、右各一，呈扁卵圆形的女性性腺。是产生与排出卵子，并分泌类固醇激素的性器官。

 什么是男性生殖器官？其有哪些生理功能

（1）男性生殖器官：包括外生殖器官（阴部）和内生殖器官，外生殖器官包括阴阜、阴茎和阴囊。内生殖器官包括睾丸、附睾、输精管、射精管、尿道和附属腺。

（2）生理功能：①阴茎的功能是排尿、排精液和进行性交，是性交的主要器官。阴茎皮肤极薄，皮肤下无脂肪，具有活动性和伸展性。在无性冲动时，阴茎绵软；在受到性刺激时，阴茎海绵体充血，阴茎勃起。②阴囊的功能是调节温度。内有睾丸、附睾和精索的下部。③睾丸的功能是产生精子和分泌雄激素。精子与卵子结合而受精，是繁殖后代的重要物质基础；雄激素则是维持男性第二性征和正常性行为的重要物质。④附睾的功能主要是促进精子发育和成熟，以及储存和运输精子。⑤输精管的主要功能是运输和排泄精子。⑥射精管的主要功能是射精。⑦附属腺包括精囊（精囊腺）、前列腺和尿道球腺等分泌附属腺液、组成精浆的功能。精浆中的各种酶及营养物质等对精液液化和保持精子的功能有重要意义，精囊的分泌液参与精液的组成。前列腺的主要功能是分泌前列腺液，前列腺液是精液的主要组成部分。尿道球腺的分泌液具有润滑尿道的作用，并参与精液的组成。

 什么是女性生殖器官？其有哪些生理功能

（1）女性生殖器官：包括外生殖器官（外阴）和内生殖器官。女性外生殖器官包括阴阜、大阴唇、小阴唇、阴蒂、阴道前庭、前庭球等。女性内生殖器官包括卵巢、输卵管、子宫和阴道。

（2）生理功能：①阴阜是耻骨联合前面隆起的脂肪垫。阴阜由大量富含皮下脂肪的结缔组织组成。性成熟期以后，皮肤表面生有呈倒三角形分布的阴毛。②大阴唇是从阴阜向后伸展到会阴的两个纵行隆起的皮肤皱襞。未婚妇女的两侧大阴唇自然合拢，遮盖阴道口及尿道口。经产妇的大阴唇由于受到分娩影响而向两侧分开。大阴唇除对性刺激十分敏感外，还对其内邻的尿道口具有保护作用。③小阴唇是大阴唇内侧小而薄的一对纵行皮肤皱襞。它表面湿润，光滑无毛，富有弹性，并富含神经末梢。④阴蒂内含有两个阴蒂海绵体。阴蒂海绵体可分为阴蒂脚、阴蒂体和阴蒂头三部分，阴蒂海绵体可以充血而发生勃起。阴蒂头是指阴蒂的前部，显露于外阴，富含神经末梢，对性刺激敏感。⑤阴道前庭是由两侧小阴唇所圈围的菱形区域。表面有黏膜遮盖，近似三角形，三角形的尖端是阴蒂，底边是阴唇系带，两边是小阴唇。

尿道开口在阴道前庭上部，阴道开口在它的下部。⑥前庭球相当于男性的尿道海绵体，呈蹄铁形，位于阴道口两侧。其前端与阴蒂相接，后端膨大，与同侧前庭大腺相邻，表面被球海绵体肌覆盖。⑦卵巢是女性性腺，内有许多卵泡，能产生与排出卵子，并分泌类固醇激素，维持女性特有的生理功能及第二性征。绝经后，卵巢逐渐萎缩。⑧输卵管具有输送精子和卵子的功能，并且还是精子和卵子相遇的场所，也是运送受精卵的通道。⑨子宫是孕育胎儿的场所，受精卵在这里着床，逐渐生长发育成成熟的胎儿。足月后，子宫收缩，娩出胎儿。⑩阴道是女性的性交器官，还是经血排出的通道，同时又是胎儿娩出的通道。

 ## 5 男性性敏感区有哪些

男性性敏感区包括阴茎，如阴茎颈部、包皮系带、阴茎体部；和性器官周围部分，如阴囊、会阴、大腿内侧等。肛门与阴囊之间的皮肤，阴囊及大腿内侧的皮肤在轻柔的触摸之下都可以变为性敏感区，同时口唇、耳郭、颈部、腋下及乳头在性兴奋时也是性敏感区。

 ## 6 女性性敏感区有哪些

女性性敏感区主要包括阴蒂及其周围，小阴唇的内表面和阴道的边缘，乳房、乳头及其周围，肛门附近，大腿内侧。口唇、耳郭、颈部、腋下在性兴奋时也是性敏感区。

 ## 7 什么是性别角色

性别角色是指社会所期望的具有男性和女性特有行为模式的人。性别角色分化本质上是个体社会化的结果，在出生后，男孩和女孩就已经被区别对待了。进入幼儿期之后，男孩更喜欢汽车和参与运动性的游戏，而女孩则更喜欢洋娃娃和参与过家家的角色游戏。父母、老师和书籍、影像等各种媒体都在个体获得性别角色的过程中发挥了重要作用。

什么是性行为

性行为是指为满足性欲和获得性快感而出现的动作和活动。狭义性行为专指性交。广义性行为泛指拥抱、接吻、自慰等其他性刺激形成的行为，以及各种与性有联系的行为，如恋爱、结婚、阅读成人书刊、观看成人电影等。

按照性欲的满足程度，性行为一般分为三种类型：①目的性性行为，专指性交。性交是性行为的直接目的和最高体现。一般来说，人们在性交以后，就满足了对性的需求。②过程性性行为，这是指性交前的准备行为。如接吻、爱抚等动作，这些动作的目的是为了激发性欲，实施性交。性交后还要通过这样的动作作为尾声，使性欲逐渐消退，这也属于过程性性行为。③边缘性性行为，这种性行为的范围就比较广泛了。它的目的是为了表示爱慕，或者仅仅是爱慕之心的自然流露，而不是为了性交。边缘性性行为有时很隐晦，如表现为眉目传情，表现为一丝微笑，这眼神、这微笑有时只有两个人能感觉到，其他人是无从得知的。至于拥抱、亲吻，如果是作为性交前的准备，那么是过程性性行为；如果只是爱情的自然流露，不以性交为目的，那么就是边缘性性行为。如果某些国家或某些民族把拥抱、亲吻作为一般见面的礼仪，那就与性行为无关。

 什么是性交

性交（房事）是指以阴茎和阴道交媾的方式进行的性活动。性交时，男性的阴茎要勃起，女性由于性兴奋使阴道润滑，从而使阴茎容易插入阴道。从生物学角度上解释，性交的目的是生殖繁衍。人类性交与动物单纯的生殖行为有所不同，人类性交更多时候是为了获得心理及生理上的快感，而不仅仅是为了生殖。性交区别于其他非性交行为的特征是，其需要生殖器官的参与、刺激、兴奋。

对多数成年人来说，性交就是性行为的主体内容。性伴侣通过交合表达爱，满足各种精神与社会的需要。性交是两个人体间的复杂相互作用，比生殖的意义更加广泛。

什么是性反应周期？男女各有什么特点

性反应周期是指性因性刺激而被唤起，进而兴奋并积蓄到一定强度发生性高潮，然后再恢复初始状态的性反应过程。性反应周期可分为四个阶段：性兴奋期、性持续期、性高潮期和性消退期。每次性生活都是如此，循环往复，周而复始。因此，性生活的整个过程也被人们称作性反应周期。

性兴奋期是指性交过程中性欲被唤起后机体开始出现的性紧张阶段。男性表现为阴茎勃起，阴茎海绵体充血，阴囊皮肤平滑，提肛肌收缩，牵拉睾丸上升，偶有乳头竖起，周身肌肉紧张，甚至身体快速拉动。女性则表现为阴道润滑，一般性刺激后 10～30 秒阴道开始润滑，乳头勃起和乳房肿胀，阴唇充血肿胀并向两侧分开，阴蒂勃起增大等。

性持续期是指在更强烈的身体紧张到来之前的一个短促的兴奋平缓发展的阶段，又称性平台期、性高涨期。性持续期并没有突然的生理变化作为标志，而是许多生理反应在性兴奋期的基础上持续和进一步加剧，预示着性高潮的生理紧张、肌肉紧张和神经兴奋均达到更高的强度。男性在性持续期更为激动，肌肉强直，局部（如面和腹肌）呈痉挛性收缩，血压同性兴奋期一样，个别人甚至更高，呼吸短且加深加快，上腹有性红晕，阴茎较性兴奋期更为粗壮，阴囊紧缩，副性腺分泌物更多。而女性在性持续期周身变化同男性，局部表现为阴道内 2/3 段随子宫提升进一步扩张，阴道外 1/3 段的黏膜发生显著的充血而呈明显的缩窄，称为"性高潮平台"。此期小阴唇伸展并呈深紫红色，相应增加了阴道的长度。同时乳房继续肿胀，乳头变硬。性红晕则可扩散到乳房和前胸壁等。

性高潮期是指在性持续期基础上，迅速发生身心极度快感，是性反应周期中短暂且重要的阶段。高潮的强度与性器官收缩的次数和时间的长短有密切关系，也与性刺激的方式和强度、对性刺激的心理接受能力、双方的感情、情绪的好坏等因素有关。性高潮期的感受常因人而异，各不相同。此时男性出现的主要生理反应有阴茎勃起到最高点，输精管、前列腺、射精管发生收缩，尿道内括约肌收缩、痉挛，精液被送到尿道的前列腺部，一触即发，随后前列腺、阴茎急剧收缩，收缩频率非常高，完成射精，全身肌肉出现自发性颤抖，呼吸急促。女性出现的主要生理反应有身体突然松弛，阴道、子宫、阴部肌肉规律性收缩，阴道的分泌物增加，心跳加快，呼吸急促，血压升高，有些女性还会出现全身颤抖的现象。

性消退期是指性高潮后性紧张逐步松弛并恢复到性唤起前状态的阶段，也是身体和情绪均恢复平静的过程。男性在这一时期的生理反应有阴茎变软、睾丸下降、呼吸减慢等，而女性出现的生理反应为身体慢慢恢复到原来的状态，性欲渐渐消退。

 儿童也有性意识和性欲吗

> 孙医生在医院坐诊时，曾遇到这样一个案例。有位家长说他有一个活泼可爱的女儿，今年 4 岁，可不知从什么时候起，她形成了一个怪异的习惯，令父母很是烦恼。她总是喜欢用自己的阴部与床头或别的类似物体摩擦，在摩擦之后，她脸色涨红，眼睛发直。难道一个 4 岁的小女孩也有性欲吗？

有时我们可以看到几个月大的男婴会在哺乳的时候出现阴茎的自发性勃起，随着吮吸频率的增快，男婴会脸色涨红，全身肌肉有节律地收缩，随之出现一种满足后松弛，整个过程类似于成年人的性兴奋过程。也有报道说女婴也有类似的阴道分泌液增多和阴道有节律地收缩。至于七八个月的婴儿摸弄生殖器，做一些夹腿的动作，则更是司空见惯。上述事实说明，婴儿是有性意识的。

那么如何看待儿童也有性欲这种情况呢？家长应该懂得，儿童的性心理发展是连续的，作为性兴奋区的身体某些性器官的功能，在青春期（青少年期、青春发育期）前不是不存在，而是潜在的。只要环境中具备适宜的刺激，便可诱发这一功能。儿童在日常生活中偶然获得的刺激，有时可诱发身体兴奋区的感觉，继而诱使儿童追求这种快感。从本质上来说，儿童的性游戏不同于成人的性欲，儿童可接受外界的性信息或性刺激，但不能在内心深处理解它。儿童的性游戏多数以非性欲为目的，如娱乐和交友等。因此对儿童的性游戏既不能视而不见，也不能过分夸大，要立足于教育和引导，使儿童性心理健康发展，否则后果不堪设想。

 儿童性欲的特点有哪些

以前人们普遍认为，性欲在儿童期间是不存在的，但弗洛伊德提出了很有意义的观点，虽然当时并未引起足够重视，但随着时间推移，其价值与意义开始被发现，并为后世逐步接受。

弗洛伊德认为，性欲及其能量（他将性本能的能量叫作力比多）生来即有，婴儿也有性欲，不过其表现形式与成人不同而已。他还认为随着年龄的不同，性及"力比多"的表现也差异较大。

（1）口欲期：宝宝从出生至 1 岁左右，从吮吸母乳中不但获得营养，还会获得极大快感。对口唇、口腔活动也极感兴趣。比如吹泡泡、咯咯发声、咀嚼东西、吮吸手指、把手里拿的东西放到嘴里，这些表现弗洛伊德称为"自体性欲满足"，即口欲满足。所以，母乳喂养不仅可为宝宝提供营养，还是宝宝口欲满足不可缺少的环节。

（2）肛欲期：宝宝 1～2 岁这一时期，"力比多"下移到肛门、直肠区的活动，此时也是训练宝宝大小便习惯的时期。宝宝从排尿或憋大便中获得性快感，即肛欲满足。并且宝宝对自己排出的粪便很感兴趣，时常还会玩弄。如果在此时受到心理挫折，比如羞辱、耻笑、责骂和威胁宝宝等都有可能导致肛欲期过长。而且宝宝还会因为紧张，心理压力大，把大小便拉在裤子里。所以，父母要学会接纳和尊重宝宝肛欲期的表现。

（3）性蕾期：宝宝 2～4 岁这一时期，"力比多"转移贯注于宝宝没有发育的生殖器官（阴茎或阴蒂），他们通过玩弄阴茎或刺激阴蒂（如夹腿摩擦或触碰椅脚）而获得性快感。但是宝宝的手淫与成人手淫性质不同，只是宝宝的一种性游戏而已，因此不要过于严苛地责备宝宝，否则会对宝宝造成心理创伤。一般应通过适当的教育或转移宝宝的兴趣，以消除此不良行为。

 什么是性早熟

性早熟是指男孩在 9 岁前、女孩在 8 岁前呈现内外生殖器官和第二性征发育的一种常见的儿科内分泌疾病。男孩表现为遗精，阴囊和睾丸增大，长出阴毛，精囊和前列腺迅速发育；女孩表现为乳房增大，阴毛、腋毛生长，骨盆增宽，月经来潮等。

按其发病机制和临床表现，性早熟分为中枢性性早熟（促性腺激素释放激素依赖性性早熟）和外周性性早熟（促性腺激素释放激素非依赖性性早熟），以往分别称真性性早熟和假性性早熟。中枢性性早熟是指女童 8 岁前、男童 9 岁前出现内外生殖器官快速发育和第二性征呈现。外周性性早熟是指女童 8 岁前、男童 9 岁前过早出现青春期生理变化、内外生殖器官发育和第二性征呈现。

性早熟的病因复杂，涉及多方面，是综合因素作用的结果。常见病因有遗传因素、饮食因素以及环境因素三个方面，此外，肥胖、避孕药、不良的生活习惯都会刺激儿童发育，诱发性早熟，也可因某些肿瘤如卵巢肿瘤、颅脑肿瘤等诱发。所以对怀疑性早熟的儿童，应及时到医院就诊，以便明确诊断，及时治疗。

14 什么是性高潮

性高潮是指性刺激之后，身体与心理对于性愉悦的反应。男性和女性都有性高潮。人类性高潮一般是因对男性阴茎和女性阴蒂进行物理上的刺激而产生的，性刺激可由自身（自慰）或性伴侣（插入式性行为、非插入式性行为及其他性活动）提供。除刺激生殖器官引起的性高潮外，还存在由刺激乳头、嘴唇、肛门、直肠、前列腺和其他身体部位等多种形式产生的非生殖器官的性高潮。

15 性欲是如何产生的

性欲是对性的渴望，是一种在一定生理和心理基础上由于性刺激的激发，期望与另一个体发生性关系的愿望。它的产生取决于性激素水平、外部性刺激、文化环境等因素的影响及性经验、性行为条件具备的程度、中枢神经系统自发产生的兴奋程度等。性欲是人类最为复杂的生理本能之一，发生机制尚不明确，正常的性欲是异性间互相接触以及在一定条件刺激下产生性活动的欲望。当性欲达到一定程度，生理上会出现变化，男性表现为阴茎勃起和尿道旁腺分泌液由尿道流出等，女性表现为阴蒂勃起和阴道壁渗出液流出、阴道湿润等。

16 什么是性心理障碍

性心理障碍，既往称为性变态，指性心理和行为明显偏离正常，并以这类性偏离作为性兴奋、性满足的主要或唯一方式的心理障碍。包括性别认同障碍、性偏好障碍等。其正常的异性恋受到影响，性心理之外的精神活动却无明显异常。许多性心理障碍患者并没有突出的人格障碍，除了单一的性心理障碍表现出来的与一般人的性行为不同，并没有其他的人格缺陷。

性心理障碍的共同特点是，患者产生性兴奋、性冲动及性行为的对象和一般人不一样。他们会对不引起常人性兴奋的某些物体或情境，如对女人用过的内衣、手帕等产生强烈的性兴奋，而正常的性行为方式会不同程度地干扰或降低其性兴奋。这些性心理障碍患者并不是道德败坏、流氓成性的人，也并不是性欲亢进的淫乱之徒，他们多数性欲减退（性欲低下），甚至对正常的性行为方式不感兴趣。他们一般不结婚，即使结了婚，夫妻性生活也极少或很勉强，常常逃避性生活。他们对一般社会生活的适应是正常的，许多人在工作中尽职尽责，工作态度认真，常受到好评；许多人表现内向、话少、不善交际、害羞、文静。他们的社会生活和一般人没有什么差异，也有一般人的道德伦理观念，因此，常对自己发生的有性心理障碍的性行为深表悔恨，但却常常再犯。当然其中有很多违背道德的人，亦有不少极端的不法之徒，他们为了满足自己的私欲，做出违反法律法规的行为，这是极其不可取的，等待他们的将是法律的惩罚。

 性心理障碍的分类及典型症状有哪些

性心理障碍主要分为性身份障碍和性偏好障碍。①性身份障碍表现为强烈而持久的异性认同，对个体的解剖（指定）性别持续不满或对个体性别角色表示厌恶。②性偏好障碍是指多种形式的性偏好和性行为障碍，主要有异装症、露阴症、窥阴症、兽奸、施虐症、受虐症等。

目前临床较为常见的有恋物症、异装症、易性症、露阴症、窥阴症、同性恋、施虐症和受虐症等。

（1）恋物症：又叫恋物癖。是指依靠某些非生命物体作为性唤起及性满足必备刺激物的一种性偏好障碍。许多恋物对象为人体的延伸物，如衣物或鞋袜。其他常见的恋物对象以某些特殊质地（如橡胶、塑料或皮革）为材料。迷恋物对个体的重要性因人而异。在某些病例中，迷恋物仅作为促进以正常方式获得性兴奋的一种手段（如要伴侣穿上特殊的衣服）。

（2）异装症：又称异装癖、恋物性异装症。是指通过穿着异性服装而获得性兴奋的一种性偏好障碍。患者穿戴异性服饰时有明显的性兴奋，当这种行为受到抑制时可能引起明显的不安情绪。

（3）易性症：又称易性癖。是指期望作为异性来生活和被人们接受，通常伴有对自己解剖学性别的不适感或不恰当感，并希望做手术和通过激素治疗使自己的身体尽可能和所偏爱的性别一致的一种性别认同障碍。

（4）露阴症：又称露阴癖。是指反复或坚持向陌生人（通常为异性）或公共场所的人群暴露生殖器官的一种性偏好障碍。对暴露对象并无更密切接触的请求或意图。在露阴时通常出现性兴奋，但并非总是如此，而且露阴行为后往往有手淫。

（5）窥阴症：又称窥阴癖。是指反复发生或持续存在窥视别人的隐私行为（如脱衣）或窥视别人进行性行为的一种性偏好障碍。偷看是在被看人没有觉察的情况下进行的，通常引发偷窥者性兴奋和手淫。

（6）同性恋：是指在正常社会生活条件下对同性者在思想、情感和性爱行为方面持续表现出性爱倾向，而对异性无性爱倾向或十分淡漠的表现。

（7）施虐症：又称施虐癖。是指喜好在性活动中施加痛苦、污辱或奴役性伴侣的一种性偏好障碍。

（8）受虐症：又称受虐癖。是指喜好在性活动中乐意遭受痛苦、被污辱或奴役的一种性偏好障碍。

18 什么是性焦虑

性焦虑是对性行为产生焦急、忧虑和不安的情绪状态，同时还伴有心悸、出汗等自主神经症状和肌肉紧张、运动性不安。性焦虑患者在性交时（甚至只要想到性交），便会出现身不由己的紧张和焦虑，有时与异性接吻、拥抱或被抚摸时也会触发焦虑。此时出现的心跳加快、出汗等现象与性行为本身产生的生理反应不同，因为它带有明显的不快与无奈。

一般认为，性焦虑的产生多与性知识的缺乏有关。儿童时期过分严厉的禁欲主义教育、婚前对性交知识一无所知，新婚时担心处女膜是否完整（受传统思想影响，错误地认为它是女子贞洁的标志），以及害怕意外妊娠（怀孕），都是引起性焦虑的重要原因。另外一些情景性因素也能导致性焦虑，如性活动不合法，或者性交场所不安全、不隐蔽等。性焦虑也可以是其他性功能障碍或性心理障碍的一部分，例如初次性交不成功而勃起功能障碍（EO）、早泄的男性或者性交痛以及阴道痉挛的女性，面临再次性交时都可能出现性焦虑。

19 什么是同性恋

同性恋是指在正常社会生活条件下对同性者在思想、情感和性爱行为方面持续表现性爱倾向，而对异性无性爱倾向或十分淡漠的表现。

同性恋以抚弄阴部、乳房刺激、身体接触、口淫、相互手淫为常见方式，肛交亦有发生。在同性恋关系中常可改变扮演角色，如有时是主动者，而有时又扮演被动承受者。但有些同性恋者可形成固定配对关系，有的人总是主动者，另一方则总是被动者。

 同性恋的临床分型有哪些

（1）封闭配对型：本类型的人群愿意过一对一的同性配偶生活，愿意与对方保持长期、稳定的亲密接触，占有欲比较强，嫉妒心也很强，不允许对方与第三者有密切来往。

（2）开放配对型：本类型的人群认为恒定的性伴侣是可取的，有益处的，但同意对方另结新欢。

（3）实用型：本类型的人群性关系不稳定，一个人经常与多人有性行为，对自己的性行为没有羞耻、愧疚心理。

（4）功能障碍型：本类型的人群经常发生各种性问题，对自己的同性性行为常有愧疚心理，并且情绪问题较多。

（5）性欲低下型：本类型的人群性欲低，性活动少，性伴侣少，且性问题较多。

同性恋的双方有一方是真正的变态，即男性被动型者与女性主动型者。他们在心理方面也有较多异性特征，有的在体质上也常有异性特征，被称为素质性同性恋者。由于身心方面有极大变态，很难纠正这种同性取向。

 什么是性道德

性道德是指调节人类性行为的道德规范。异性相吸，性爱、性冲动和性行为是人类的一种本能，但因为涉及第二者，并产生生物学、社会学后果，为了协调双方及与周围人的关系，必须遵守一定的性道德。在不同的国家和地区，不同历史阶段、不同的家族和社会文化氛围，有不同的性道德。人能够同禽兽区别开，成为真正的人，其中的一个重要标志就是有道德。人们的各种行为都有各自的道德准则，人们的性行为必须遵守性道德，否则要受到法律制裁和道德谴责。道德是约束人们行为的内在力量，法律是约束人们行为的外在力量。

作为一种道德现象，性道德不仅表现为一定的观念、情感、思想，而且体现在具体行为和各种活动之中。因此，通常可以把性道德的内容概括为：一个核心即性道德规范，三个性道德范畴即爱情观、贞操观和生育观，三种性道德关系即婚前性关系、夫妻性关系和婚外性关系，一个外部条件即性环境道德。

以中国为例，这种要求有三个基本点：①性行为必须以合法婚姻为基础。因为性行为必然导致社会后果，所以必须把性行为限制在合法婚姻的范围内。中国的合法婚姻是指符合法定条件经由政府登记而结成的夫妻关系。这种关系下产生的性行为才是合法的，才能受到法律的保护，才合乎道德。②性行为必须建立在爱情基础上。性行为是男女之间精神与肉体结合的统一，不仅是生理上的满足，更是精神上的满足。只有建立在爱情基础上的性行为才能达到精神与肉体的和谐统一，才是性行为主体的自由意志的体现，因而才是高尚的、道德的。这是鉴别爱情生活质量高低的重要标志之一。③性行为双方必须对性行为的后果负责。已婚男女双方都有自己的性权利，同时也都履行相应的义务，承担一定的责任。主要有三个方面的责任：一是向对方负责；二是性行为要对社会负责，要符合社会规范，有益于社会风化；三是对性行为结果负责，包括对对方的健康和下一代负责。

不同年龄阶段的性健康

 青春期男性生殖器官的变化有哪些

对于孩子的生长发育监测，不能仅仅局限于身高、体重、智力等方面，也要重视第二性征尤其是生殖器官的变化，如外生殖器官外观异常，就需要及早就医。那么青春期男性生殖器官的变化有哪些呢？下面给大家介绍一下。

男性的青春期性发育存在很大个体差异，但各指征的出现顺序大致相似：睾丸最先发育，1 年后阴茎开始发育，与此同时出现身高突增。睾丸开始增大的平均年龄为 11.5 岁（9.5 ～ 13.5 岁），阴茎开始增大的年龄为 12.5 岁，2 ～ 3 年即从青春期前的不到 5 厘米增至青春期末的 12 ～ 13 厘米。可根据 Tanner 分期标准，对男性外生殖器官（阴阜、阴茎、阴囊）的发育状况进行综合评价。第 I 阶段（幼稚型）：从出生延续到青春期开始，生殖器官大小稍有增加，但外观基本没有变化；第 II 阶段：阴囊开始增大，皮肤略变红，质地有些微改变；第 III 阶段：阴茎长度增加，直径增加，阴囊进一步增大；第 IV 阶段：阴茎的长度和直径增大都更加明显，阴茎头（龟头）形成，阴囊继续增大，皮肤颜色变深；第 V 阶段（成人型）：生殖器官的大小、形状变为成人型。

随着睾丸的生长，青春期的生殖功能也开始发育。遗精是男性青春期生殖功能发育成熟的重要标志之一，也是在青春中后期健康男性都会出现的正常生理现象。首次遗精一般发生于 12 ～ 18 岁，比女性初潮年龄晚 2 年左右。初期精液主要成分是前列腺液，有精子活力的成熟精子不多；到 18 岁左右时，伴随睾丸、附睾、精囊等进一步发育，精液成分逐渐与成人接近。首次遗精发生后，身高生长速度逐步减慢，而睾丸、附睾和阴茎等迅速发育并接近成人水平。

 青春期男性第二性征有哪些表现

男性第二性征主要有阴毛、腋毛、胡须、变声、喉结等。进入青春期的男性，在性激素的作用下，身体迅速增长。身高每年增长 6～8 厘米，骨骼和肌肉也开始变得粗壮和宽厚，喉结增大，声音变得低沉，阴部、腋下长出阴毛和腋毛，胡须也逐渐长出来了，这些都是男性的第二性征。青春期男性外生殖器官的发育一般从 12 岁左右开始。这一时期睾丸和阴囊开始增大，阴囊颜色渐渐变深，并逐渐长出浓密的阴毛。经过 3 年左右的时间，阴茎增长，直径增加，直至性发育成熟。

 青春期女性生殖器官的变化有哪些

女性生殖器官在青春期前发育非常缓慢，进入青春期后，在卵泡刺激素、黄体生成素等性激素的作用下，内外生殖器官均迅速发育。卵巢 8 岁时小而光滑，8～10 岁时开始发育，以后呈直线上升。月经初潮时，卵巢的重量仅为成人的 30%，之后继续增大，17～18 岁时卵巢发育基本成熟。卵巢的功能主要是产生与排出卵子，并分泌类固醇激素。因此，卵巢既是女性内生殖器官，也是内分泌器官。子宫在 10 岁左右开始较快地发育，18 岁时接近成人水平。子宫内膜在卵巢分泌的性激素的作用下呈周期性变化，并形成月经。阴道变长变宽，颜色变为灰色，黏液腺发育并分泌大量分泌物。外阴（女性外生殖器官）由幼稚型向成人型过渡，阴阜隆起，阴毛出现，大小阴唇变肥厚，并出现色素沉着。阴道口有一层薄膜覆盖，称为"处女膜"，处女膜中间有孔，此孔的大小因人而异，小的连手指都不能通过，大者可容纳两指。处女膜厚度一般为 1～2 毫米，个别人可能很薄。

第一次出现月经叫月经初潮。月经初潮是女孩子青春期发育的重要标志。初潮年龄一般在 12～14 岁，初潮时，卵巢功能尚不稳定，因此初潮后月经周期并不规律，一般在 1 年后才逐渐转为规律的每月 1 次。随着生殖器官发育，青春期女性第二性征出现。其出现的先后顺序是，乳房最先发育，然后阴毛开始生长，腋毛的出现比阴毛晚 0.5 ～ 1 年。

 青春期女性第二性征有哪些表现

青春期女性第二性征主要有乳房、阴毛和腋毛等。此时女孩的音调变高，乳房丰满而隆起，出现阴毛及腋毛，骨盆横径的发育大于前后径的发育，胸、肩部的皮下脂肪更多，显现了女性特有的体态特征。

 什么是青春期延迟

青春期延迟，又称青春期性发育延迟。最主要特征是男孩到 13.5 ～ 14 岁、女孩到 13 ～ 13.5 岁仍然未出现第二性征，即男孩还没有出现睾丸增大，女孩尚未出现乳房发育或到 16 岁还没有月经初潮。青春期延迟一般分为体质性青春期延迟和病理性青春期延迟两大类。前者最为常见，占总人数的 90% ～ 95%，症状主要是青春期没有第二性征出现以及月经初潮延迟。体质性青春期延迟原则上不需特殊处理，经过一段时间后，特别是当骨龄达到相应的年龄后，自然会开始正常的青春期过程。对病理性青春期延迟，则应去除和纠正原发病因并治疗性腺功能低下。

 青春期男性出现遗精正常吗

男性在青春期没有性交或者自慰的情况下出现的精液自行泄出，称为遗精。这属于正常的生理现象，为男性生殖器官发育成熟的标志之一。据调查，男性到 18 岁时 97% 的人都发生过遗精。男性在青春期时，只要不是频繁遗精，即使每周遗精 1 ～ 2 次，如果没有不适症状，也是正常的。这并不是身体病态的表现，同时遗精也不会损害身体的健康。青春期男性遗精如同青春期女性来月经，都是长大的标志，遗精的出现，是青春期男性生殖器官开始成熟的标志，亦是长成真正男人的标志。所以不必惊慌失措，更不要为自己的遗精现象害羞或自责。

因为男性进入青春期以后，中枢神经系统渐趋成熟，激活了下丘脑—垂体—睾丸轴，刺激了雄激素的分泌。在雄激素的作用下，睾丸逐步发育并产生精子，一些附属腺，如精囊、前列腺快速发育并分泌腺液，体内的精子和精浆（相关腺液）合成的精液达到饱和后就会以遗精的方式排出体外，这就是所谓的"精满自溢"。由此可见，遗精是一种正常的生理现象，所以一定要科学认识，正确对待。

 青春期的性意识是怎么萌动的

进入青春期后，性意识萌动完全是自然的，就像春夏秋冬四季轮回一样正常，完全不必引以为耻、恐惧。随着身体的发育和变化，青春期男女的心理上也开始有了性意识的萌动，表现在行动上有以下几个方面：首先是对性知识的追求。青春期男女对性知识、生育现象有了探求的欲望和浓厚的兴趣，这是其性心理发展的正常表现。但一些青春期男女没有从学校和家长那里得到科学的性知识，而是从不正规途径得到了一些非科学的、不健康的性知识，这对其个人的身心发展极为不利。其次是对异性的爱慕。青春期男女彼此之间互相爱慕，是青春期男女性心理发展的一个重要表现。爱慕异性是青春期男女将来恋爱成功与婚姻美满的性心理基础。

 青春期性心理的变化分为几期

（1）异性排斥期：在青春期开始的 1～2 年，随着性器官的发育、第二性征的出现，青春期男女性意识明显增强，出现彼此之间疏远的心理，他们在互相接触中结束了童年那种不分性别无拘无束地打闹嬉笑的时期，出现了短暂的疏远期。

（2）异性吸引期：在青春期的中期，性功能不断成熟，青春期男女逐渐摆脱了心理上的闭锁状态，开始希望了解与自己年龄相当的异性，并希望与其有所接触。这时男女之间愿意相互接近，相互怀有好感，出现心理和情感上的相互吸引。喜欢和异性一起活动，在异性面前努力表现自己，以引起对方的注意，对异性表现出关心和体贴。

（3）两性初恋期：青春期的后期是由青春期到青年期的过渡阶段，他们此时显得比青春中期更为成熟，对异性的爱慕和追求开始出现专一化，萌发出爱情，故称为两性初恋期。此时的爱是一种比友谊浓但又比爱情淡的朦胧关系。

 什么是青春期的性冲动

青春期的性生理发育，最突出的表现是对异性产生一种难以消除的兴趣，一种爱恋、思慕、亲近的情感，有时还会出现性冲动。从生物学角度来说，性冲动是一种生理心理现象，它往往是通过两种途径诱发的。一是由视觉、听觉、嗅觉、触觉、味觉刺激大脑的思维所引起的；二是性器官直接受到刺激而引起的。

 青春期如何应对性冲动

如果在青春期，性冲动发生过于频繁，如有的男性一看见女性高高隆起的乳房或裙子里隐约可见的内裤线条就会有躁动，甚至出现阴茎勃起现象，那必然会影响正常的生活、学习，以及与女性的正常相处。如果出现这些问题，可以采用以下方法解决。

（1）转移注意力：多参加体育、文娱活动和知识竞赛，多观看健康的影视节目，或者为自己制定一个近期的学习目标，并努力完成，以此转移注意力，降低性冲动。

（2）抵制不良诱惑：黄色的书刊、淫秽的音像是精神鸦片，会诱发青春期男女产生性冲动。处于青春期的男女要自觉抵制诱惑，避免看或听有性刺激的书刊、音像，净化身边的刺激源，业余时间不妨多读一些自然科学、社会科学方面的书籍。

（3）弱化冲动欲望：青春期男性和女性朝夕相处久了，难免日久生情，当一方冲动起来，不能驾驭自己的感情时，另一方最好耐心劝导，婉言回绝。用智慧和耐心弱化对方的冲动欲望，不可以态度暧昧，抑或姑息迁就、委屈迎合。应让对方在你的帮助劝导下恢复理智，冷静面对现实，避免性冲动的发生。

（4）强化自制力：人的冲动是受道德约束的，人的意志可以战胜人体本能的欲望。加强自制力锻炼就能克己制欲。一般来讲，一个矜持理智、自制力强的人往往性格开朗、兴趣广泛、积极向上，具有良好的道德素养和比较好的生活方式，所以即使这些人产生了性冲动，他们也会加以控制。

 青春期发生性幻想正常吗

性幻想是指人在清醒状态下对不能实现的与性有关事件的想象，是自编的带有性色彩的"连续故事"。处于青春期的男女，对异性的爱慕和渴望是很强烈的，但又不能与所爱慕的异性发生性行为以满足自己的欲望，就会把曾经在电影、电视、杂志、书籍中看到过的情爱镜头和片段，经过重新组合，虚构出自己与爱慕的异性在一起的场景。有的人会把想象中的情景用文字写出来告诉他人，以达到自我安慰的效果等，这种性幻想在入睡前及睡醒后卧床的那一段时间，以及闲暇时较多出现。部分人可出现性兴奋，有的还伴随着自慰的出现，这种性幻想在人的青春期是存在的，偶尔出现是正常的。但处于青春期的男女，思维活跃，自制力差，可能会陷得太深、流连忘返，以致干扰正常的学习和生活、影响必要的人际交往，甚至发展到病理状态，这样则是绝对不可取的。

 青春期怎么应对性压抑

青春期的男女有强烈的与异性亲密接触的心理与生理需求，因此性压抑对于青春期男女来说是一种很普遍的性心理现象，有其合理、必要的一面，家长及学校应该自觉主动为青春期男女进行性情感、性道德教育，让他们了解性成熟带来的一系列身体及心理变化，摘开性的神秘面纱，用科学的方法正确对待性压抑。

首先是性教育。研究表明，青少年的性压抑很多情况下是性教育缺乏引起的。进入青春期后，男女会出现一系列的青春期困惑，如遗精、梦交（性梦）、性冲动等，要想办法帮助他们，承认青春期出现的上述现象是合理的、正常的，不要产生自责或内疚感，引导他们正确对待和处理这些问题，同时正确解释一些生理现象。如男性的喉结、女性的乳房、男女生之间的爱慕等。要消除其心理和生理上的疑惑，适时提供正确的性知识，使他们能健康快乐地成长。要引导青春期男女正确认识人类性教育的自然规律及其本质，帮助他们正确认识自身的性心理变化、性意识的各种不同表现，促进青春期男女心理平衡和社会成熟，启发他们正确处理学习、恋爱和友谊的关系。

其次是通过学习、文体活动、男女正常交往等多种合理的途径，使性能量得到正当的释放和有效的转移。

 青春期早恋的特点是什么

进入青春期后，出现异性爱慕倾向的青少年，会主动接近自己喜欢的异性，双方交往频繁，相互倾心，就可能导致恋爱的发生。早恋通常有下列四种特点。

（1）朦胧性：青少年对于早恋发展的结局并不明确，早恋的青少年仅仅是渴望与异性单独接触，而对未来家庭的组建、如何处理恋爱和学业之间的关系、如何区别友谊和爱情等问题都缺乏明确的认识。

（2）矛盾性：早恋的青少年内心充满了矛盾，既想和喜欢的异性接触，又害怕被父母发现，可以说在早恋的过程中，愉快和痛苦是并存的。对于暗恋的早恋者而言，这种矛盾性还表现在是否向爱慕者宣示爱意（表白）的矛盾，明明喜欢他（她），嘴上却说很讨厌他（她）。

（3）变异性：此时他们的友情是充满变化、极不稳定的，因为青少年往往欠缺处理人际关系的技巧及经历，导致双方缺乏信任，所以关系一般都难以持久，常常会对双方的心理造成伤害。

（4）差异性：青少年的早恋行为有明显的差异。在行为方式上，极其隐蔽，通过微信、电话等传递感情，进行秘密的私下沟通和感情交流，家长和老师都难以发现，但也有青少年会公开他们的关系，在许多场合出双入对。在交往程度上，大多数早恋者还主要是交流感情，或者一起玩耍。

青春期早恋的类型有哪些

(1)爱慕型：即青春期男女之间由于爱慕对方而产生的早恋现象。根据爱慕对象的不同，又可分为：①仪表型，即由于爱慕对方外在的仪表而产生的早恋。②专长型，即因为爱慕对方的能力专长而产生的早恋。③品性型，即由于爱慕对方的优秀品性而产生的早恋。

(2)好奇型：由于对异性的好奇心而产生的早恋现象。对异性产生强烈的好奇心，是青春期男女随着性意识的发展而自然产生的一种心理现象。青少年由于生理发育和性成熟，很容易产生性冲动，对异性变得很敏感，渴望了解异性的心理和生理，了解异性对自己的态度。为了满足这种好奇心，就想结交异性朋友，建立"恋爱"关系。

(3)模仿型：因为模仿别人的行为而产生的早恋现象。模仿的对象主要来自生活、影视作品、报刊和书籍等。

(4)从众型：迫于周围人的压力产生的早恋现象。周围人是指所处的同年龄群体。

(5)愉悦型：为了获得愉悦的情感体验而产生的早恋现象。青春期男女之间的密切交往，往往会给双方带来愉快的体验，这种愉快的体验会进一步促进青春期男女之间的密切交往，逐渐转变为早恋。

(6)补偿型：为了获得感情补偿和排解受挫的情绪而产生的早恋现象。感情补偿是指青春期男女在学业上或感情方面受到挫折时，出于争强好胜的心理，或者为了摆脱感情创伤，一些青春期男女就想用早恋的方式排遣受挫的情绪，从异性那里获得感情补偿。

(7)病理型：由于病理原因而产生的早恋现象。在当代社会，由于营养过剩、一些食品中含有性激素的成分，或者生理上的疾病、家庭遗传等原因，造成一些青春期男女身体早熟，身体外观像成年人，或者心理早熟，或者性变态心理，这些都会诱发青春期男女的早恋现象。

(8)逆反型：由于青春期男女在两性交往中受到别人不恰当的干预所产生的早恋现象。在逆反心理的作用下，正常的异性交往会迅速向早恋关系发展。

如何应对早恋

（1）正确对待：要清楚地认识到这只是一时的冲动，难以永久。青春期的孩子自控力差，感情用事，容易"越轨"。假如早恋，必然会消耗大量的时间与精力谈恋爱，在学习上就会懈怠，注意力不集中，甚至最终牺牲学习，从而影响以后自身及对方的前途。

（2）妥善解决：注意保护双方的自尊心，不宜张扬、侮辱挖苦、嘲讽、训斥、谩骂双方，必要时请求老师、家长、朋友的帮助。

（3）建立健康的异性关系：在与异性交往的过程中，语言、表情、行为举止及情感流露要做到自然、顺畅。既不过于夸张，也不闪烁其词；既不盲目冲动，也不矫揉造作。与异性交往的程度和方式要恰到好处，应为大多数人所接受。既不在与异性交往中过早地萌生情爱，又不因回避或拒绝异性而对交往的双方造成心灵伤害。与异性交往时，所言所行要留有余地，不能毫无顾忌，如谈话中涉及两性之间的一些敏感话题要回避，交往中的身体接触要有分寸。

16 大学生的性心理特征有哪些

我国大学生多数处于 18 ～ 24 岁，在这个年龄阶段，个体的生理发育接近完成，已具备了成年人的体格及生理功能，但其心理尚未成熟。对大学生而言，所面临的一个重要任务就是促使心理日益成熟，以便成为一个心理健康的成年人。可以说这个时期是性心理发展的关键时期，其性心理特征表现为以下几个方面。

（1）性器官和性生理迅速发展与性心理尚未成熟的矛盾：大学生大都已年满18岁，在性生理方面发育已经成熟，对异性的爱慕还具有生理的本能性和朦胧性的特点，在对性冲动的自制性、对性的审美情趣等方面还存在着知识的盲区。

（2）对恋爱的渴望与对异性心理了解不深的矛盾：大学生有了对恋爱的

渴望，常以自我为中心，但对异性心理的了解并不深，不能理解对方的心理需求，从而导致恋爱期间，双方常争吵、生气，发生矛盾，乃至发生轻生等恶性事件。

（3）性的身心需求与社会规范和道德责任的矛盾：从性成熟到形成合法婚姻这段时间，即所谓的"性饥渴期""性等待期"。恋爱中的男女青年独处时常会产生强烈的相互吸引，出现相互爱抚、接吻，甚至是性交等性行为，而这些都与传统教育、社会舆论和道德相违背，可能会引发青年男女的道德焦虑。

（4）开放的性观念与表现上的合理化的矛盾：大学生常处于理智与感情矛盾的旋涡中，在理性认识上认为自身应该保持贞操或希望对方遵守传统道德，但在爱的激情下，又不愿受传统观念束缚，不愿压抑自己的性欲。

 手淫对身体有害吗

手淫又称自慰，一般认为自慰是青少年性成熟过程中的正常现象，是性生理与性心理渐至成熟的一种表现，合理适度的自慰对身体健康无害，是一种性能量的合理宣泄。近年来国内学者对自慰现状、自慰者心理健康也做了一定的研究。早在 1989 ～ 1990 年就有学者进行了 2 万例性文明调查，发现有自慰现象的中学生中，男生占 12.5％，女生占 4.7％；大学生中，有自慰现象的男生占 59.0％，女生占 16.5％。2010 年由 7 077 人参与的网络调查显示，96.38％的被调查者有过 1 次以上的自慰，其中 75.96％的人每月有 1 次以上的自慰。

因此，适当的自慰对身体没有影响，但不要沉溺于自慰，如果长期每天 1 次，甚至每天数次，肯定不利于身体健康。

 新婚之夜男女有什么样的性心理特点

（1）性心理上的差别：由于生理特点的不同，男性在婚前就有强烈的从肉体上与自己心上人结合的愿望，新婚之夜，常表现为迫不及待地要与妻子行房事。在这种强烈性欲的冲动下，有时也会出现粗鲁、近似无礼的举动。在第一次性生活中丈夫几乎处于主动地位。女性则不然，她们在相当长的时间内仅仅是陶醉在精神上的交流和心灵上的融合。

（2）羞涩感和紧张感：①羞涩感。由于受传统观念等因素的影响，即使是长时间热恋的情侣，初次性交时双方也都会带有一定程度的羞涩感，而这种羞涩感女性重于男性。丈夫应该主动通过动情的话语和爱抚打破这种羞涩的气氛，排除性交前的心理障碍。②紧张感。新婚夫妇初次性交，因缺乏性知识和性体验，在心理上很容易产生一种紧张感。如性交不顺利，或因处女膜破裂而产生出血和疼痛，则会进一步加重这种紧张感。这时尽量排除情绪干扰，学会自我放松，另外，丈夫动作要轻柔，善于体贴照顾妻子，这对于消除新婚妻子的紧张情绪更为重要。

（3）满足感：新婚夫妇初次性交，如果顺利，是和谐欢愉的，就会获得满足感，双方都能品味到新婚的幸福和甜蜜。如果不顺利或难以实现，可能会产生失望感。如果反复如此，就会影响甚至动摇美满婚姻的情感基础。

19 怀孕期间可以过性生活吗

（1）孕3个月以内不能过性生活：通常怀孕的前3个月为孕早期，这个时期胎盘正处于形成阶段，各方面仍不稳定，所以性生活需要格外谨慎，一般不建议过性生活，此时可以采取爱抚的方式。

（2）孕4～8个月可以过性生活：这个时期孕妇和胎儿的状况都相对稳定，可以进行性生活。但是因为孕妇在这个阶段肚子已经越来越大，所以为避免压迫腹部，性生活最好采用后侧体位，男性和女性朝同一方向侧身躺着的后侧体位不会给胎儿带来压力，还可以根据男性的意愿增减深度，所以这是适合怀孕中期的体位，且这个体位不会损伤阴道或子宫口。与此同时丈夫还可爱抚妻子的乳房等，提高妻子的满足感。此外，孕中期还可使用前侧体位，即男性和女性面对面侧身躺着结合，这一姿势既不会压迫腹部，也不会过深。前坐体位，即女性和男性坐着进行的体位同样也比较安全，同时还可以调整结合的深度。此外，后背体位同样也可以尝试，男性从后方支撑女性上身进行结合，这一姿势不会对女性的身体施加重量。

（3）孕 8 个月以后不宜过性生活：怀孕后期也是孕产的关键期，此时基于孕妇的身体情况，一般也是不宜过性生活的，这个时期孕妇处于待产的状态，任何外来刺激即使是轻度冲击都易引起子宫收缩，发生早产。

 孕期进行性生活多长时间为好

在怀孕期间过性生活，除了要注意姿势，还需要注意孕期性生活的频次和时间。一般来说，孕中期的性生活以每周 1～2 次为宜，建议怀孕期间性生活时间不宜过长，最好不要超过 30 分钟。前戏 10 分钟，正式 10 分钟，后戏 10 分钟，效果最好（当然这个时间仅供参考，但不要超过这个时间）。丈夫应该更加主动、体贴地满足妻子的需求，双方配合默契，有利于提高性生活的质量。

孕中期适度地进行性生活，有益于夫妻感情升华和胎儿的健康发育。但这个时候性生活也不是多多益善，须科学安排，理性对待，对性交姿势与频次要加以注意。丈夫应采取不压迫腹部的体位动作，时刻注意妻子的状态，性生活时间要缩短，动作要柔和。

 孕期性生活时应注意哪些问题

（1）要选择合适的性生活体位：丈夫不要将身体压在妻子的腹部和乳房上，尽可能与妻子的身体曲线保持垂直。

（2）性生活要柔、缓：性生活中动作应避免剧烈，宜轻柔缓慢，最好不要做太过刺激的尝试。

（3）注意卫生，避免感染：性生活前，夫妻双方应清洁外生殖器官；孕期性生活中，丈夫可以抚摸刺激阴蒂、阴唇，但不要将手指伸入阴道，以免损伤阴道，造成细菌感染。

（4）精液不要射入阴道：虽然怀孕后不必再担心避孕的问题，但孕期性生活仍然要戴避孕套或者采取体外射精，以精液不入阴道为好。这是因为男性精液中的前列腺素被阴道黏膜吸收后，可促使怀孕后的子宫发生强烈的收缩，不仅会引起孕妇腹痛，还有可能导致流产、早产。

 男性更年期性功能有哪些变化

男性进入更年期，睾丸会发生退行性变化。40岁以后，睾丸重量开始逐渐减轻，50岁以后其体积也缓慢缩小，至60岁以后明显缩小。不过睾丸组织生理性退化的年龄与速度常常因人而异，早的40岁以后就开始了，迟的50岁以后才出现，并随年龄的增长而加重。随着年龄的增长，睾丸合成和分泌睾酮的功能呈现一个渐衰的过程。射精量、精子总数也随着年龄的增长而逐渐减少，精子活力下降，精子形态异常增多，精浆的质量也有所下降。

男性进入更年期，精囊黏膜皱褶数量减少，管壁肌层萎缩，被结缔组织所代替。在更年期后，前列腺上皮细胞由柱状变为立方形，组织内肌纤维消失，代之以致密的胶原纤维，某些小叶出现明显的萎缩性变化。这可用前列腺的组织学改变来证明。正常前列腺如栗子样大小，但前列腺增生可致其如鸡蛋大小或鹅蛋大小，使尿道部分或全部受压受阻。前列腺的变化是男性更年期的标志。

男性更年期性功能发生的变化表现在性欲减退，射精量比过去少，性快感下降等。男性更年期性功能是一个逐渐减退的过程，个体之间有较大不同。

23 女性更年期性功能有哪些变化

女性进入更年期（围绝经期），由于体内雌激素的减少，生殖系统的各器官均呈渐进性萎缩，排卵减少以致停止，卵巢体积缩小。子宫内膜变薄、子宫体萎缩、子宫颈（宫颈）变小，宫颈黏液分泌减少。阴道穹窿变浅，阴道缩短变窄，其黏膜萎缩变薄，分泌物减少，糖原含量减少，阴道内的酸碱度呈中性，阴道乳酸杆菌消失，故易受损并被细菌感染。

外阴和大阴唇变薄、阴毛脱落。骨盆底肌肉、韧带、筋膜亦退化。绝经后中晚期由于雌激素不足，盆底组织弹性日趋减弱，支持力下降，易发生阴道前后壁膨出、子宫脱垂及尿失禁。而且随着年龄增长，乳房退化、下垂；体形变化比较明显，腰围、腹围和体重增加；嗓音变低沉。研究表明，更年期女性的性欲与性功能并没有减退，然而大多数更年期女性一直被更年期综合征所困扰，根本顾不上夫妻生活。

 男性更年期综合征有哪些表现

男性更年期综合征的表现为性欲减退，阴茎勃起硬度差，甚至不能勃起，性交次数明显减少，射精功能减弱。常见的症状有心悸、眩晕、耳鸣、便秘、肥胖、易疲劳、四肢怕冷等。精神神经症状可见精神抑郁、记忆力下降、注意力不能集中、睡眠不稳定、自感孤独、焦虑不安、兴趣降低、焦躁、兴奋过度，甚至精神异常等。

25 女性更年期综合征有哪些表现

☽ 月经紊乱。月经周期不规律，月经量不稳定。

☽ 精神神经症状可出现潮热、出汗、焦虑、失眠、抑郁、爱哭、记忆力下降等。

☽ 心血管症状可出现心悸、胸闷、心律失常等；同时冠心病发病率增高，胆固醇水平升高等。

☽ 泌尿生殖系统方面可出现外阴皮肤干涩、阴道干燥、弹性减少、性交痛、乳房下垂、尿急、尿频、尿失禁、老年性阴道炎等。

26 老年人还需要性生活吗

应该看到，老年人和年轻人的婚姻关系一样，都基于情爱和性欲两个方面，只是比重不同而已。由于老年人的性欲随着性功能减退，因此情爱会变得更浓些。

据调查统计，80～102岁的健康老人中，有62%的男性和30%的女性仍有性生活，最常见的性生活是抚摸。另一项调查表明，在60～69岁的老人中，有自慰行为的占到一半；在80岁以上的健康女性中，只有1/4认为自己性欲低下，而抱怨缺少性生活机会的也高达1/4。在身体健康和有性伴侣的男性中，只有近1/3有勃起功能障碍。此项调查表明，在身体健康的前提下，有相当大比例的人性功能可以保持到 80 岁以上。问题在于很多老年人自愿放弃了自己的这项权利，不愿意或者是不敢去享受这种快乐。中国的性文化一直提倡节制欲望，节精养生、节精长寿。这其实是一种误解，适当的性生活不但不会损害健康，反而能延年益寿。老年人若没有性生活，其结果是睾丸（卵巢）、脑垂体前叶的促性腺功能都会下降，雄激素（雌激素）分泌减少，反而会加速衰老过程。性学家认为，适度的性生活对老人的心理健康更为重要，有勃起功能障碍的老人通过接吻、拥抱、爱抚、倾诉、情感交流等活动可以获得生理与心理的满足，也有利于身心健康。

 老年人如何过好性生活

首先老年人要降低期望，随着年龄的增加，全身的生理功能逐渐下降导致性敏感区的敏感性降低，引起性兴奋所需要的感觉刺激强度也会增高，导致老年人性反应速度减慢、强度降低。只有勇敢面对这种转变，并主动按照老年人的特点和规律进行夫妻性生活，才能得到满意的结果。其次老年人的性生活频次和时间需要根据自身健康状况和情趣决定。老年男性射精力量大大减弱，精液量会减少，这是正常的，且性行为中不一定要射精。另外，老年人性生活不一定要有性高潮，也不一定非要夫妻一起来完成，自慰亦可。再者性爱的表现形式绝对不仅仅是性交，有些老年人更愿意满足思想上的媾和。爱抚和依恋在性生活中的作用更加重要，也是点燃激情和维持婚姻的重要方式。幻想、调情、幽默、调侃、挑逗、温柔地凝视等多种形式都可以加强夫妻感情。外在的相互吸引、心理上的相互依存、感情上的相互补充都是爱的表达，也是性生活的重要组成部分。

安全避孕与性健康

 常用的避孕方法有哪些

避孕是指性交时避免女性受孕的预防措施和行为。为了达到节育的目的，通常需要进行避孕，常见的避孕方法有避孕套（安全套）、口服避孕药、安全期避孕法（自然避孕法）、体外排精、宫内节育器、手术避孕法等。避孕的意义不只在于阻断精子与卵子结合，达到避孕的作用，也是对自己的行为与健康负责，减少生殖系统患病的概率。避孕也是性教育的重要内容之一。

现代避孕方法多种多样，主要有在性交前采取的事前避孕措施和性交后采取的事后紧急避孕措施。由于事后紧急避孕措施均有比较大的副作用，所以通常采用事前避孕措施。目前除男用避孕套、结扎等少数措施外，大多数避孕措施的对象均为女性，虽然已经有很多男性使用的避孕药物的研究和开发项目，但目前市场上还没有男性避孕药。

（1）激素避孕：激素避孕的载体种类较多，常见的有口服药、皮下植入物、注射剂、贴剂、宫内节育器和阴道环等。按激素类型分类，有联合激素（雌激素＋孕激素）避孕和单纯孕激素避孕两种。激素载体通过激素抑制排卵和增稠宫颈黏液来防止受精。其是否有效取决于使用者是否按时服药。据统计，联合激素避孕方法的理论失败概率为0.3%，单纯孕激素避孕方法的理论失败概率为1.1%，但若未按时服用，失败概率均会增长到10%。目前已知的联合激素避孕方法会略微增加血栓风险，降低卵巢癌、子宫内膜癌等疾病的风险，需要在医生的指导下选择服用。联合激素和单纯孕激素两种激素避孕方法都可以改善痛经等月经问题。

（2）男用避孕套：男用避孕套是在性交前套在勃起的阴茎上，射精时让精液排在套子前端的小囊内，阻断精液进入阴道，起到物理屏障作用，达到避孕的目的。男用避孕套通常采用乳胶制成，也有非乳胶制成的避孕套供乳胶过敏者使用。使用乳胶避孕套时，不能使用油性润滑剂，因为油性润滑剂中的油会分解乳胶，导致避孕套破裂。为避免这种情况发生，可以使用水溶性润滑剂。男用避孕套因其避孕成功率高、便携、成本低和能减少性传播疾病（性病）等的发生，而被大多数人使用。男用避孕套的理论避孕失败率在2%，但实际失败率却高达18%，主要原因在于大众对于避孕套的使用方法缺少正确的认识。

那么如何正确使用呢？避孕套需要在性器官接触前使用。打开包装时应该检查包装的完整性，防止避孕套存在破损等质量问题。为了确保避孕效果，在阴茎勃起后、接触到女性的阴部之前，就应该套上避孕套。使用避孕套时，需要用手捏住避孕套前端的小泡，然后卷下密封环直到阴茎末端。需要注意的是，寻找小气泡凸起可以帮助确定避孕套的正反面，有凸起的一面应当露在外面；在使用避孕套前将包皮翻起，减少凸起小气泡在使用时进入的空气，可以增强灵活性并减少避孕套在性交中破裂的风险。如果避孕套不能完全包裹阴茎或者无法贴紧，则说明需要更换其他尺寸的避孕套。性交结束后取下避孕套的操作，对避孕效果也至关重要。在射精之后，当阴茎尚处于勃起状态时，需要捏紧避孕套的口，小心地将阴茎从阴道中抽出。取下避孕套时不可让精液流出，也不要让避孕套外面的阴道分泌物接触女性阴部。取下避孕套的手指可能会同时接触精液和阴道分泌物，因此性交行为后不能再用手抚摸女性生殖器官，必须立刻在流动水下用香皂洗手。

（3）女用避孕套：女用避孕套与男用避孕套几乎相同，主要的区别在于密封方式。男用避孕套通过一个环在阴茎周围形成密封，而女用避孕套通常使用一个相对更大的硬环以防止滑入体内。在使用时，要用手捏住封口的小橡胶圈，用手指顶入阴道确保卡住。性交结束后，要捏紧外面的大硬环，旋转几圈缓缓拉出。女用与男用避孕套均有着很好的安全性，但是因为阻隔方式、使用方式以及产品上市历史等差异，男用避孕套的性价比、使用舒适性和安全性均优于女用避孕套。

（4）避孕药膜：避孕药膜是外用避孕药的一种，常用的避孕药膜多以壬苯醇醚为主要成分，具有快速、高效杀精的特点。需要在性交前 5 分钟将药膜揉成团置入阴道深处，壬苯醇醚在阴道内溶解后，可与精子的脂蛋白膜相互作用，它能改变精子的渗透性，杀死精子或使精子失去活力，使精子难以通过宫颈口完成受精，从而达到避孕目的。

（5）宫内节育器：宫内节育器有多种形式，如常用的"T"形环，其包含带铜宫内节育器或左炔诺孕酮宫内缓释节育系统两种。它们是长效可逆避孕措施中一种较为有效的形式，使用者可以根据生育意愿自由安装或取出。带铜宫内节育器的理论避孕失败率为 0.6%，实际失败率为 0.8%；左炔诺孕酮宫内缓释节育系统的实际避孕失败率为 0.2%。左炔诺孕酮宫内缓释节育系统，它具有作用时间长和使用方便、高效的特点，同时还能减少月经量、缓解痛经等月经问题，一般使用年限为 5 年，到期需要取出。左炔诺孕酮宫内缓释节育系统的副作用是在最初使用的半年内会发生少量不规则出血，但是其对血压、体重、血脂等身体指标无明显影响，还对盆腔炎、月经过多、子宫肌瘤等问题具有治疗作用。

（6）绝育术（结扎术）：是针对两性生殖器官进行的可逆结扎术。女性绝育术又称输卵管绝育术，是通过阻断输卵管、阻止精卵相遇而达到绝育目的的手术；男性绝育术是采用切断、结扎、堵塞等方法阻断阴囊段输精管，以阻止精子排出，使射出的精液不含精子，以达永久避孕目的的手术。两种手术都没有明显的副作用或不良反应，并且输卵管绝育术可降低卵巢癌的风险。如果有生育意愿，可以通过手术进行逆转，逆转手术后妊娠成功率在 31% ～ 88%，但此手术会增加异位妊娠（宫外孕）的风险。

（7）安全期避孕法：是一种利用月经周期的特点，确定安全期以进行避孕的方法。排卵前后的 4 ～ 5 天为易受孕期，月经周期其余时间不易受孕，视为安全期，在安全期进行性生活可达到避孕目的。女性排卵的时间可受到外界环境、情绪的变化，以及本人健康状态等因素的影响，可出现排卵推迟或提前，并且还有可能发生额外排卵。因此，安全期无法算得准确，所以说安全期避孕法不一定安全。

(8)紧急避孕：是指在无保护措施的性生活和觉察避孕失败后 72 小时或 120 小时内，女性为防止非意愿妊娠而采取的避孕方法。紧急避孕方法是在激素避孕方法的基础上发展出来的避孕措施，主要的紧急避孕方法有两种：一种是使用激素类紧急避孕药，另一种是安装带铜宫内节育器。紧急避孕药物有抗孕激素药物米非司酮，单纯孕激素药物左炔诺孕酮，雌、孕激素复方制剂（Yuzpe 法）。这几种方法的失败率分别为宫内节育器 0.1%、小剂量米非司酮 0.4%、Yuzpe 法和左炔诺孕酮 0.2% ～ 3%。紧急避孕药物对身体有一定的副作用，比如使用紧急避孕药物会将异位妊娠（宫外孕）的发病风险提高 2.45 倍，Yuzpe 法和左炔诺孕酮会导致呕吐和肠胃不适。紧急避孕措施均有有效时间限制，Yuzpe 法、左炔诺孕酮和米非司酮的有效时间是性生活后 72 小时内，安装带铜宫内节育器应在性生活后 120 小时内。

2 常用避孕药物的适应证与用法有哪些

一般来讲，复方炔诺孕酮片、复方甲地孕酮片，于月经第 5 天开始服用第 1 片，连服药 22 天为第一周期，停药 7 天后服第二周期的药物。复方去氧孕烯片、复方孕二烯酮片、屈螺酮炔雌醇片和炔雌醇环丙孕酮片，于月经第 1 天开始服药，连服 21 天为第一周期，停药 7 天后服用第二周期的药物。单相片在整个周期中雄激素、孕激素含量是固定的。三相片中每一相的雌激素、孕激素含量，是根据妇女生理周期而制定的不同剂量，药盒内的每一相药物颜色不同，每片药旁标有星期几，提醒服药者按箭头所示顺序服药。三相片的服用方法也是每天 1 片，连服 21 天。复方短效口服避孕药的主要作用为抑制排卵，正确使用避孕药的避孕效果接近 100%。若有漏服应及早补服，且警惕有妊娠可能。若漏服 2 片，补服后要同时加用其他避孕措施。漏服 3 片应停药，待出血后开始服用下一周期的药物。

紧急避孕是通过干扰女性的排卵或子宫内膜环境来实现避孕的，不能将其作为常规的避孕方法使用。在无保护性生活后 72 小时之内，可以选择口服紧急避孕药。排卵前服用可抑制排卵的发生；排卵期及排卵后服用则会改变子宫内膜的形态与功能，阻止孕卵着床。

 避孕方式会影响性生活吗

（1）口服避孕药：口服避孕药是性激素类药物，对某些女性肯定会有性欲方面的影响。但是，这种影响常常是双向的，即一些女性服药后产生性欲减退，或者性功能障碍；而另一些女性服药后却表现为性欲增强。对于绝大多数女性来说，口服避孕药对性生活的影响微乎其微。

（2）宫内节育器：宫内节育器有良好的避孕效果，被我国广大的育龄女性所采用。宫内节育器位置隐蔽，不影响性生活，也不影响激素分泌，因此不会干扰性欲和情绪。但是如果女性患有盆腔炎或者性生活时体位不当，可能会引起轻微的性交痛。由于宫内节育器的刺激，少数女性会出现月经期延长和经血增多，对性生活会产生一些不利影响。倘若宫内节育器的尾丝从宫颈口脱入阴道，还有可能在性生活中刺激男方阴茎，引起男性性交痛。

（3）阴道隔膜：又称子宫帽。其容易因使用不当发生移位进而引起性生活不愉快；只要使用正确，不影响性生活的快感且对人体无害。

（4）避孕套：许多男子在用避孕套性交时，常因阴茎不能直接接触阴道壁而感到不能尽兴，还有的男子害怕避孕套破裂而影响性生活的质量。但是患有早泄的男子却因用避孕套降低阴茎头的敏感度，从而延长射精时间，使性生活的满意度更高。近年来性病尤其是艾滋病的传播危险性越来越大，用避孕套防病的观点逐渐为大众所接受。

（5）性交中断法：性交中断法对性功能有害无益。性生活中采用此方法会使双方都高度戒备、提心吊胆，当女方接近性高潮时，男方抽出阴茎中止性交会使双方都不能尽兴。

（6）安全期避孕法：安全期避孕法对性功能也不利。双方受安全期的束缚，不能自由地由自己的心绪、情感来安排性生活的时间，而且也会因担心时间不准意外怀孕，导致性生活不和谐。

（7）手术避孕：从理论上讲，女性输卵管绝育术或男性输精管绝育术均不干扰性激素的产生和分泌，不会对性欲和性生活产生不良影响。但实际上有些人手术后的确发生了性功能障碍。这其中相当一部分是心理性的，另一部分是由于出现手术合并症，如女性子宫周围粘连、感染、出血等，男性术后出血、感染、局部硬结或附睾淤积等，引起手术者的性功能减退或障碍。

 使用宫内节育器的注意事项有哪些

（1）妊娠或异位妊娠：如果使用宫内节育器时怀孕，即宫内节育器避孕失败，会增加 40% ～ 50% 的流产风险和在妊娠中期子宫内感染的风险。使用宫内节育器，怀孕后发生异位妊娠的风险大增，所以如果使用宫内节育器时怀孕，必须进行超声检查确定胚胎位置，并尽快取出宫内节育器。

（2）盆腔炎：有证据表明，在使用宫内节育器后的第一个月内，患盆腔炎的风险增加，但这种风险和性生活及性伴侣的数量有关。

（3）宫内节育器脱落或移位：宫内节育器的自动脱落多发生在放置后第一个月内，女性常常意识不到它的脱落。子宫穿孔的发生率约为 0.1%，所以在放置后 6 周进行复诊是非常有必要的。如果它已经发生了移位，必须取出。

（4）出血：放置宫内节育器后一般会有少量出血，持续一段时间后会恢复正常，不必担心，属于正常现象。如果月经过多，应取出，但左炔诺孕酮宫内节育系统可以减少月经过多。

（5）疼痛：下腹部像来月经时那样疼痛和腰背酸痛可在宫内节育器放置后立即出现并会持续几周，但是很少有疼痛严重到需要取出的地步。

放置宫内节育器的女性应该学会阴道自查，判断宫内节育器是否仍在原位，通过突出在子宫颈管中的线或细丝来判断。而且应该放置 2 ～ 3 个月后到医院复查，并在放置 12 个月后再次复查。

使用阴道隔膜的注意事项有哪些

⚬ 性交前应确保阴道隔膜的位置是正确的。

⚬ 应确保置入的阴道隔膜上涂有杀精子物质，一般可在性交开始时或提前一段时间放入阴道隔膜。但是关于杀精子物质的活性能保留多久，以及性交后何时可以取出阴道隔膜的问题尚无定论。不过有关研究表明，在性交前 6 小时或更长一些时间放入阴道隔膜也能起到良好的避孕效果。当然，这个时间段是针对阴道隔膜在正确位置上而言的。

⚬ 性交后，至少要等 6～8 小时再取出阴道隔膜，在这期间不要进行冲洗。如打算再次性交，则应把取出的阴道隔膜用水洗干净（或换一个），重新涂上杀精子物质后再放入。阴道隔膜在阴道内的最长放置时间为 24 小时，时间过长会有臭味。

⚬ 如在一次性交之后 6 小时内再次发生性交，可用塑料注入器向阴道隔膜上再涂上些杀精子物质，不必把阴道隔膜取出。

⚬ 如阴道隔膜放入正确位置 6 小时后未发生性交，可以把阴道隔膜取出，洗净、晾干，等再次使用前放入。

⚬ 如使用时发生问题，可请教医生。许多问题是可以通过更换阴道隔膜的类型或杀精子剂的种类来解决的，当然必要时可改用其他避孕方法。

⚬ 阴道隔膜不要贴得太紧，否则可能会引起盆腔不适、痛经、膀胱或直肠压迫感，以及性交时或性交后疼痛等一系列问题。这些问题通常可以通过更换阴道隔膜类型来解决。

⚬ 杀精子物质引起的过敏或烧灼感，可以通过更换杀精子物质来解决。

⚬ 在少数使用者中，由于阴道隔膜压迫尿道，尿道感染会反复发生，这个问题同样可以用改变阴道隔膜类型来解决，必要时也可改换避孕方法。

安全期避孕真的安全吗

> 小芳怀孕了，可是她却高兴不起来，因为这个孩子的到来完全打乱了她的生活安排，她根本没有近期生育的计划。既然没有计划，那为什么不做好避孕呢？这个"意外怀孕"究竟是怎么回事？原来，这都是"安全期"惹的祸。
>
> 小芳和丈夫不喜欢避孕套的束缚，也不愿意"吃药"避孕，因为担心不良反应。他们根据网上查看的有关安全期避孕法的文章，将性生活安排在安全期，试了几个月，也没怀孕，于是两人就彻底放开了，误以为安全期真的很安全。但偏偏这个月小芳的月经推迟了1周，起初小芳根本不相信自己会怀孕，以为是月经不调，因为他们这个月只有1次性生活，并且是在月经到来的近10天（月经周期20多天），认为这是绝对的安全期。于是他们来到门诊，经人绒毛膜促性腺激素（HCG）检测提示小芳怀孕了。小芳感到非常疑惑，为什么在安全期自己还会怀孕呢？

安全期避孕法是现在很多年轻人喜欢的避孕方法，他们认为只要在排卵日之外进行性生活，就能安全避孕。但在很多情况下，往往事与愿违，因为安全期避孕法受到诸多因素的影响，并不是我们想象中的那么简单。安全期避孕法是意图避开排卵期，进而计算出来的一种避孕方法。

如果月经周期正常，按28天计算的话，排卵期最容易受孕，排卵大约发生在下次月经前的第14天。精液在女性生殖道存活可达5～7天，因此为了避免怀孕，应在排卵前1周停止性交，并建议持续至排卵后4天。

虽然精液在女性生殖道存活可达5～7天，但最新研究发现，有些精液在生殖道存活的时间更长。而且女性的月经很容易受到情绪、外界环境等多种因素的影响，即使月经规律的女性，也有可能出现排卵提前或推迟的情况，用此法避孕，易导致避孕失败。小芳就是在这种情况下怀孕的。

所以说安全期避孕法在一定程度上能达到避孕的效果，但想百分百准确是不可能的，而且一般也只适用于一些月经周期非常规律的女性，否则失败的概率更高。

 哪些危险行为容易导致意外怀孕

（1）用牙齿或利器撕开避孕套包装：这样可能会撕破避孕套，建议用手指从避孕套的外包装豁口处撕开。

（2）在避孕套上抹油溶性润滑剂：油溶性润滑剂会分解乳胶避孕套，造成很多微小的破孔，增加避孕失败的概率。同时油溶性润滑剂比较难洗，而且容易刺激阴道，任何情况下都不建议使用。如果一定要使用润滑剂，可以选择水溶性润滑剂。

（3）使用过期的避孕套：避孕套也是有有效期的。避孕套一旦过期，乳胶就可能老化并失去弹性，容易开裂。而且长期处于高温或低温环境的避孕套，可能在有效日期前就出现问题。

（4）没有排空避孕套贮精囊的气体：避孕套的前端有个尖尖的贮精囊。使用前要捏紧贮精囊，保证里面没有空气残留，否则射精后精子有可能从避孕套的两边溢出。使用时可以一只手捏住贮精囊，另一只手将避孕套顺着勃起的阴茎撸下去套好。这样可以保证避孕套前端处于真空状态，射精后避孕套内有充足的贮精空间。

（5）月经期无保护性生活：一般来说，我们都会在月经期前或者月经期后发生性生活，很少听说过月经期进行房事的情况。但总有年轻人敢于"浴血奋战"，不但在月经期同房，而且有些人为了追求刺激与快感，月经期同房还不带避孕套，这不仅会增加女性患病的风险，而且容易导致怀孕。

（6）哺乳期无保护性生活：在哺乳期发生性生活就不会怀孕，这种想法导致了一些年轻妈妈还在给大宝喂奶的时候就匆匆怀上了二宝。理论上，哺乳期可以降低排卵的可能性，但并不能阻止排卵。有些女性以产后是否恢复月经来判断是否排卵，事实上，大部分人在恢复月经前就已经排卵了。

（7）安全期避孕法：前面已经提到安全期避孕并不安全，所以安全期同房出现意外怀孕的情况比比皆是，大家要注意了。

 意外怀孕怎么办

如果一不小心意外怀孕了，一要做好心理准备，二要找专业医院的医生处理。很多女性在意外怀孕的时候，心里都很害怕，会责备自己，其实大可不必。

意外怀孕了，如果决定要妊娠终止（人工流产），在合适的时间内，选择合适的人工流产方式是对自身最大的安全保障。具体选择何种方式，需要结合怀孕时间、妊娠试验、超声和医生评估等确定。

避孕失败后妊娠的补救措施主要是妊娠终止。目前有两种方式：药物流产和手术流产。

（1）药物流产：适应证是在停经49天内。药物流产的年龄应该不超过40岁。之前有过药物流产失败者不应该再选择药物流产，肝功能不正常者不适合药物流产。药物流产的方法是选用米非司酮配伍米索前列醇来终止妊娠，并让妊娠物排出。药物流产一般用药共3天，胚胎通常在第三天排出，妊娠蜕膜则在1～2周内排出。药物流产用药期间会有中度腹痛、恶心呕吐等症状。药物流产大约有10%的人不能完全流产干净，还需要再进行刮宫术，就得受第二次苦。药物流产之后出血的时间比较长，为2～3周。

（2）手术流产：适合妊娠10周内，没有比较严重的内科疾病，没有比较明显的子宫位置或形态异常者。一些特殊情况，比如子宫颈不易暴露、子宫肌瘤、宫颈妊娠等，进行手术流产是有很大风险的，需要医生进行认真评估。手术流产是通过负压吸引的方式将胚胎吸出，目前大都是辅以静脉麻醉的。手术时间短，一般为5～10分钟。手术流产后出血时间短，为1周左右。手术流产的缺点是需要宫腔操作，感染或粘连的可能性较药物流产高。

反复人工流产为什么会让人终生难"孕"

> 有一位女性经历了 14 次人工流产后,再次来医院进行人工流产,她不知道的是她的子宫内膜已经薄如纸了,已经不起折腾,以致手术中子宫后壁破裂,大出血,医生非常痛心地告诉她,必须切除子宫才能保命……像这样的故事还有很多。现在很多年轻人不把人工流产当回事儿,根本不知道反复人工流产对未来的生活影响有多大。

有报道,反复人工流产对子宫伤害非常大,继发性不孕患者中 88.2% 有人工流产史;重复人工流产 4 次导致的不孕发生率可高达 92%。此外,人工流产手术本身也会导致 3% 的继发性不孕。

多次人工流产容易引起输卵管炎、宫颈和宫腔粘连、闭经、月经异常、子宫内膜异位症及子宫穿孔等。此外,手术操作不当或器械消毒不彻底,可能会将细菌带入宫腔,从而引起急、慢性盆腔炎症。人工流产次数越多,患宫外孕的危险也就越大,抢救不及时会造成大出血、休克,严重的会因此而切除输卵管、子宫等,导致终身不孕。另外人工流产后再次妊娠,晚期发生流产的概率偏高,新生儿溶血症发生的概率增大,此外产前胎盘位置异常,产时胎盘粘连、早产、胎儿窘迫、产前或产后出血发生的概率也都会明显增高,以上因素都有可能让女性终生难"孕",所以女性一定要学会爱惜自己,采取相关措施保护自己。

男性性功能障碍与性健康

 什么是男性性功能障碍

正常男性性功能在整体活动过程（包括性欲唤起、阴茎勃起、阴茎插入阴道、性欲高潮、射精和性满足）中，任何一个环节发生的障碍都是男性性功能障碍。具体表现为男性性欲障碍、勃起功能障碍、早泄、不射精和逆行射精等。

 什么是早泄

> 王先生35岁，带着沮丧和焦虑的神情来到诊室，说自己早泄。细问之，得知其近段性生活时间没以前长，每次有6～7分钟，为此感到自己性生活不行了，力不从心了，因而很是烦恼，也没心情工作了。在临床上，像王先生这样的患者并不少见，因相关知识了解得一知半解，随便给自己下诊断，结果是自寻烦恼。那么，什么是早泄呢？如何判定自己是否得了早泄？

所谓早泄是指性生活不和谐，男女双方达到性高潮的步调不一致，是常见的男性性功能障碍之一。以前曾把性交时女方未达到性欲高潮前的射精称为早泄，也有人把诊断早泄的标准定格在男性在射精前是否能满足妻子达到性高潮上。一般认为，早泄是指射精发生在阴茎插入阴道前或插入阴道后1分钟以内，不能完成正常性生活的一种男性性功能障碍。伴有明显的负面情绪，如痛苦、烦恼、挫折等。可分为原发性早泄和继发性早泄两种类型。

诊断早泄很容易，但对能进入阴道而不能正常完成性交者，究竟持续多长时间为早泄，目前尚难确定。正常性交从开始至射精的时间，随着年龄的变化和每个人体质的不同而有差异。新婚夫妇第一次性生活，由于交感神经高度兴奋，很可能阴茎刚刚进入阴道就发生射精，此种情况不能诊断为早泄。此外，偶尔的 1 次或 2 次出现射精太快也不能轻易诊断为早泄，射精太快的情况要持续一段时间，一般认为应在 3 个月以上。

因此对早泄概念的理解应全面，不可断章取义，妄下定论，否则是自寻烦恼。如果身体不适，可以咨询有关专家，以此来打消疑虑，让生活多一分阳光与快乐。

 为什么会早泄

笔者在门诊时，常有患者问为什么会早泄。迄今为止，早泄发生的原因，还没有完全清楚。近年来大量资料研究表明，早泄的发生多与精神心理因素、中枢神经系统功能紊乱有关，其主要表现为焦虑、抑郁等。常见的有以下几种情况。

（1）习惯性早泄：往往在婚前有性交史，尤其是第一次性生活一般是在特殊的环境和紧张的心理状态下进行的。性交时动作过于剧烈或心情过于激动，易于兴奋而射精太快，日久则形成射精太快的习惯。以后即使在轻松的性生活中，也改变不了已建立的射精太快的条件反射。

（2）兴奋性早泄：多因夫妻两地分居或有其他顾虑而有意使性交次数减少，引起过分的"性积聚"而增加了性兴奋程度，一旦有性生活，反应过分强烈，极易发生早泄。

（3）精神紧张性早泄：精神过分紧张及中断性交是引起早泄发生的原因之一。性交时对妻子过于崇拜以致畏惧，害怕女方，唯恐射精过早引起女方不满，但最后往往早泄。

（4）手淫性早泄：由于婚前及婚后过度手淫而形成了一种射精太快的习惯，其机制为手淫是机械地刺激阴茎以达到射精的目的，需要的性刺激方式单一。而正常的性生活是在触觉、视觉、听觉以及对阴茎的不断刺激等综合的刺激方式下，从而使性中枢兴奋，下达射精命令后完成射精的任务。

近年来，有研究表明，早泄的发生除了与焦虑、抑郁等因素有关外，也存在遗传效应。目前，早泄发生的基因多态性（遗传多态性）研究主要集中在 5- 羟色胺和多巴胺相关基因上。

 丈夫患早泄，妻子为什么不能袖手旁观

早泄在男性性功能障碍中占有很高比例，且绝大多数是由心理因素造成的。早泄常使妻子在性生活中得不到满足，时间长了妻子可能会对丈夫不满或埋怨，这样一来不但影响夫妻感情，而且还会加重丈夫的病情，甚至可能引起勃起功能障碍。治疗早泄，除医生、丈夫的努力外，妻子的作用也是非常重要的，决不能袖手旁观。

妻子温柔暖心的言语，富有爱心体贴的动作，常可消除丈夫对性生活产生的焦虑，提升完成满意性生活的信心和勇气。丈夫发生早泄时，妻子的安慰和谅解常使丈夫万分感激，有助于减少丈夫的内疚感和心理负担；妻子对丈夫的生殖器官给予温柔的抚摸，帮助丈夫做阴茎捏挤训练，可明显提高丈夫的射精阈值；做性感集中训练时，更离不了妻子的合作。当然还有一些性交体位的改变，也可延迟射精的时间。由此可见在治疗早泄的过程中，妻子是一个多么重要的角色，对丈夫多一点儿关心，多一点儿体贴，就会使夫妻生活更美满、更和谐。

 治疗早泄常用的方法有哪些

对早泄的治疗，其方法可以概括为以下几种：行为疗法、心理疗法、手术治疗、局部麻醉药物使用及口服药物（包括中医药疗法）等，但有些方法的疗效有待进一步研究。

口服药物为选择性 5- 羟色胺再摄取抑制剂，如达泊西汀，为目前治疗早泄的唯一药物，按需服用。较之于传统的 5- 羟色胺再摄取抑制剂，其半衰期短，副作用小。该药物自 2009 年上市以来，多数患者服用后，射精的控制力增强，性交的满意度得到提高，与早泄相关的痛苦明显减少。

中医药疗法手段多样，内容丰富。除了中药口服，还有针刺、艾灸、穴位封闭等，对继发性早泄或早泄伴勃起功能障碍者，临床效果较好。

 治疗早泄常用的外用药物有哪些？使用时应该注意哪些事项

（1）常用的外用药物：

◎ 在性交前用1%的利多卡因乳膏或0.5%的普鲁卡因涂擦阴茎头，可减轻性器官对阴茎头的刺激，降低其敏感性，延长射精时间。

◎ 用中药细辛、丁香各10克，以100毫升的95%酒精（乙醇）浸泡半个月，性交前30分钟用此药液涂擦阴茎头，通过药物减轻阴茎头的敏感性，延长射精时间。

◎ 用川花椒、龙骨、海螵蛸、肉桂、细辛、丁香、五倍子、蟾酥各适量，放入75%酒精中浸泡7天，过滤去渣，性交前30分钟涂擦阴茎头，性交时用温水洗净，连续用3～5天，可延长射精时间。

（2）注意事项：

◎ 该疗法主要用于原发性早泄或继发性早泄，且使用者阴茎勃起功能正常，或者阴茎勃起硬度非常好，最好是四级硬度。若伴有阴茎勃起硬度不佳者，建议不要采用该疗法，或在医生指导下联合其他药物使用。

◎ 在性生活前，阴茎充分勃起的情况下使用这类药物。主要涂抹或喷洒在冠状沟以下的阴茎头部位。

◎ 药物用量不要太大，否则影响阴茎勃起状态。

◎ 药物外用3～5分钟，如果不再使用避孕套，建议用清水冲洗后再行房事，以免配偶对外用药物过敏。如果还使用避孕套，可以不用冲洗，直接同房。

◎ 对外用药物过敏者，禁止使用。

 如何判断是否得了勃起功能障碍？对其轻重如何判定

勃起功能障碍（ED）又称阳痿，指男子在性生活时阴茎不能勃起或勃起不坚，或坚而不久，以致不能插入阴道完成正常性生活且持续在 3 个月以上的一种病症。对 ED 的分类有以下几种情况。

（1）按 ED 程度分类：ED 通常按下表评分分类。各项得分相加，≥ 22 分为勃起功能正常；12 ～ 21 分为轻度 ED；8 ～ 11 分为中度 ED；5 ～ 7 分为重度 ED。

勃起功能自测表

表现	0分	1分	2分	3分	4分	5分
1. 对阴茎勃起及维持勃起有多少信心		很低	低	中等	高	很高
2. 受到性刺激后，有多少次阴茎能坚持进入阴道	无性交	几乎没有或完全没有	只有几次	有时或大约一半时候	大多数时候	几乎每次或每次
3. 性交时，有多少次能在进入阴道后维持勃起	没有尝试性交	几乎没有或完全没有	只有几次	有时或大约一半时候	大多数时候	几乎每次或每次
4. 性交时，保持勃起至性交完毕有多大困难	没有尝试性交	非常困难	很困难	有困难	有点困难	不困难
5. 尝试性交时是否感到满足	没有尝试性交	几乎没有或完全没有	只有几次	有时或大约一半时候	大多数时候	几乎每次或每次

（2）按阴茎勃起硬度分级：Ⅰ级，阴茎只胀大但不硬为重度 ED；Ⅱ级，硬度不足以插入阴道为中度 ED；Ⅲ级，能插入阴道但不坚挺为轻度 ED；Ⅳ级，阴茎勃起坚挺为勃起功能正常。

（3）按是否合并其他性功能障碍分类：①单纯性 ED，是指不伴有其他性功能障碍而单独发生 ED。往往仅有轻中度 ED 和 ED 病史较短的患者属于此种类型。②复合性 ED，是指合并其他性功能障碍的 ED。常见合并发生的性功能障碍包括射精功能障碍和性欲障碍。

ED 患者应该做哪些必要检查

（1）夜间阴茎胀大硬度检测（NPTR），或夜间阴茎勃起试验（NPT）：健康男性夜间做梦时常伴有快速眼动睡眠（异相睡眠、快波睡眠、快速眼球运动睡眠）而出现夜间阴茎勃起，每晚平均 3 次以上，共为 100 分钟。根据这一特性，临床上通过 NPTR 检查或 NPT 检查，可以区分是功能性 ED 还是器质性 ED。一般来说，因心理性因素引起的 ED 患者，仍会有正常的夜间勃起；相反，血管性 ED、神经性 ED 和内分泌性 ED 患者夜间勃起次数减少，硬度也明显减弱。有专门用于夜间勃起检查和硬度测定的设备。

目前，NPTR 应用比较广泛，它可以检测夜间阴茎勃起次数、每次阴茎勃起持续时间、阴茎头部和体部的勃起硬度及膨胀度等，其临床诊断参考价值更大。

（2）视听性刺激勃起功能检测：适用于患者快速初步诊断及评价患者对药物治疗的反应情况。

（3）阴茎彩色多普勒超声检查：该检查无创伤。一般结合阴茎海绵体内注射血管活性药物试验来进行。通过观察海绵体勃起前后阴茎的血流情况，了解动脉血供和静脉闭合功能。对血管性 ED 的诊断具有较为重要的参考意义。

（4）阴茎海绵体内注射血管活性药物试验（ICI）：主要用于鉴别血管性 ED、心理性 ED 和神经性 ED。

（5）阴茎海绵体造影：对阴茎海绵体内注射血管活性药物试验提示有阴茎静脉瘘的患者，可通过阴茎海绵体造影来明确诊断。

（6）选择性阴部内动脉造影：对外伤后或骨折后出现的 ED、青年人原发性 ED 等怀疑有阴部动脉血管畸形，或髂动脉有狭窄以及经 NPT、阴茎彩色多普勒超声检查证实有阴茎供血不全，经药物治疗无效拟行血管重建术者，可考虑选择性阴部内动脉造影。

（7）实验室检查：根据患者情况进行个体检查，如雌二醇、睾酮、催乳素、黄体生成素、甲状腺功能检查以及血糖、血脂检查等。

需要指出的是，这些检查并不是每位 ED 患者都要做，而是应该根据患者的病情、病史及体格检查等有选择地进行，否则不但给患者造成精神压力，也会给患者带来一定的经济负担。

 导致 ED 的原因有哪些

> 张某，38 岁，2021 年 10 月 12 日初诊。以患 ED1 年，无法完成性生活半年为主诉就诊。经询问病史得知，患者于 20 年前患上糖尿病，长期服用降糖药来控制血糖。查看患者的相关实验室检查发现，患者的血糖控制不理想，其血脂也高。综合分析，诊断为糖尿病性 ED。糖尿病是引起该患者 ED 的主要原因。像这样的病例临床非常多见。

除有些疾病可引起 ED 外，导致 ED 的原因还有很多，概括起来主要有以下几种。

（1）年龄：ED 的发生与年龄有着密切关系。据有关资料统计，年龄 40 岁以上的男性，其中 40% 患有 ED，这是一个惊人的数字。难怪有如此多的人在谈论 ED，又有如此多的药商在关注它，有许多家庭为它烦恼，有许多人深受其害。年龄的衰老是不以人的意志为转移的。性虽然随着人体的衰老而减退，但衰老的速度在个体间却有着显著差异，有人 40 岁就 ED 缠身，有人 70 岁还功能完好，这也说明 ED 的发生是完全可以延缓的，同时也表明性功能的强弱个体差异较大。

（2）精神心理因素：如性知识缺乏，性愚昧，心理上受过重大创伤或缺乏自信心，夫妻感情不和或有过性生活失败的经历等。

（3）器质性因素：①如生殖器官畸形或外伤。②疾病的影响，如糖尿病、高血压、甲状腺功能减退、某些心脏病等。③阴茎血管原因，如阴茎动脉供血不足、阴茎静脉瘘等。④某些药物的影响，如长期服用雌激素、泼尼松（强的松）、地塞米松等；长期服用中枢神经系统的药物，如氯丙嗪、舍曲林、阿普唑仑等；还有某些降血压药和治疗消化性溃疡的药物，如西咪替丁（甲氰咪胍）等都有可能诱发 ED。

 什么是功能性 ED 和器质性 ED

功能性 ED 和器质性 ED 是根据导致 ED 发生的病因而对其进行的分类，是目前最常用的分类方法。对于功能性 ED，精神障碍（又称心理障碍）是其发生的主要原因，没有明显的器质性病变存在，只是主管性兴奋的司令部——性中枢对性兴奋的抑制作用加强，使脊髓勃起中枢性兴奋减退所致，所以我们有时也称精神性 ED、心理性 ED 或心因性 ED。其发病特点为勃起功能障碍的发生比较突然，往往在特定的情景及场合下发生，而在另外的场合或情境下却能正常勃起，如在手淫、睡眠、早晨苏醒或其他情况。

而器质性 ED 是器质性病变所引起的。其病史特点为勃起功能障碍在不知不觉中发生，且逐渐加重，或在手术、外伤及服用某种药物后发生，在任何情景和场合阴茎均不能达到和维持足够的勃起并获得满意的性生活，患者无晨间和夜间阴茎勃起，或勃起明显减弱，患者的性欲及夫妻关系正常，亦无明确精神和心理致病因素。根据其具体原因，通常又把它分为如下几种。

（1）神经性 ED：大脑中枢的病变、损伤；脊髓的病变、损伤，如高位截瘫患者阴茎勃起神经的损伤，均可致传导性兴奋的神经障碍而引发 ED。

（2）血管性 ED：是指任何导致阴茎海绵体动脉血流减少、有碍静脉回流闭合机制或阴茎静脉瘘等所致的 ED，如动脉粥样硬化、动脉损伤、动脉狭窄、阴部动脉分流及心功能异常等。

（3）内分泌性 ED：因一些病变致使性激素尤其是雄激素水平降低或缺乏而引起的 ED，如先天性无睾症、先天性睾丸发育不良、脑垂体肿瘤等。

（4）药物性 ED：因服用某些药物而导致的 ED，如中枢神经系统药物、降血压药等。

11 是否 ED 必伴早泄、早泄必伴 ED 呢

在很多人的传统观念里，ED 与早泄形影相随，也就是说 ED 必早泄、早泄必 ED，其实并非如此。有关调查资料以及我们的临床观察均表明，早泄的发生率要远远高于 ED。以往早泄就诊者较少，但近些年来，随着人们物质生活水平的提高、人们思想观念的转变以及性知识的普及，早泄就诊者日益增多，临床中发现多数患者阴茎勃起功能正常，这种情况即通常所说的单纯性早泄。这种早泄多为功能性，其发生多与精神因素密切相关，如性生活时紧张、焦虑、兴奋、恐惧等。还有许多患者则是因为青春期过度手淫引起的。另外，手淫或性交时周围环境欠佳，或怕别人发现，或与性伴侣独处时间短等都可能导致射精太快，久而久之，就可能养成射精太快的习惯。

一些器质性病变，如高血压、糖尿病、精阜炎等也可以导致早泄。据报道，糖尿病患者早泄的发病率远远大于 ED。以往早泄一直被认为无法医治，但近年来，随着相关药物研发成功及中医综合疗法等的应用，早泄已不再难治，一般经过短期治疗均可获得较好效果。

轻度 ED，即阴茎能够勃起但勃起不坚者，多同时伴有早泄；而阴茎不能勃起者，早泄当然无从谈起。由此可知，ED 与早泄既可同时存在，也可单独为病。可见，早泄必伴 ED、ED 必伴早泄的观点显然是错误的。

此外，治疗 ED 的药物不一定能治早泄，如补肾壮阳类中药，对单纯性早泄者，恐怕越服用早泄越严重；对早泄有一定效果的中枢神经系统的药物，如氯米帕明、舍曲林等，还有中成药，如知柏地黄丸等，对伴有 ED 的患者，要谨慎使用。患者最好去正规的医院看专科医生，以免被误诊、误治，造成不必要的麻烦。

12 新婚期 ED 能彻底治愈吗

刘某，28 岁，公务员。2020 年 6 月 21 日由妻子陪伴就诊。结婚 4 月余，性生活 1 次也未成功。经检查生殖系统发育正常，性激

素也未见异常。两人是大学同学，小伙子身材魁梧，相貌堂堂，身体健康，平时也非常注意锻炼身体。妻子温柔漂亮，讲话柔声细语，二人感情很好。询问病史得知，两人比较传统，婚前没有性行为，对新婚之夜的首次性生活，小刘非常期待，希望成功、完美。可事与愿违，婚礼当晚也许由于心情过于激动，小刘的第一次如同"送牛奶"，没有进门就"扔下了"；当晚第二次小刘无论如何努力，阴茎都不能勃起。妻子不但没有责备，而且给予了许多安慰与鼓励，但小刘总觉着对不起妻子，心里非常内疚。自此之后，每次在一起都不能成功。这个患者就是一个典型的"新婚期勃起功能障碍（新婚期ED）"。医生通过与夫妻双方交流，讲解一些性生活的有关常识，采取中西医结合的治疗方法，不到1个月患者就痊愈了。

新婚期ED是指新婚期（婚后1～6个月）夫妻性生活不能完成者。据有关资料统计，新婚期ED的发生率在56％以上。新婚期偶尔性交不成功，不能诊断为ED。新婚期发生ED在现实生活中比较常见，其绝大多数（98％以上）为精神因素所致。常见原因有以下几种。

（1）缺乏性知识：由于性知识的缺乏，对一些正常情况易发生误解，进而产生心理障碍，而诱发ED。上述案例中也有这方面的因素。如婚前因色情刺激或单相思而激发性欲，但同时未能诱发阴茎勃起；或曾有手淫，担心婚后会ED等，以这样的心态进行性生活很容易发生ED。若此时妻子又不理解，过度责备，则会进一步增加丈夫的心理负担，使ED加重。

（2）过于劳累：有些人为操办婚事，投入了大量的财力和精力，身体过于劳累，再加上新婚之时招待亲朋好友，又开怀畅饮，致使性中枢抑制，从而诱发ED。上述案例中也有这方面的原因。

（3）婚前影响：婚前因受各种不健康的性观念和性行为的影响，长期处于性兴奋状态，久而久之性兴奋演变为性疲劳或性抑制，新婚之夜易发生ED。

（4）婚姻缺乏感情基础：父母包办婚姻或男方另有所爱，易诱发 ED。

由此可见，在新婚期间由于精神紧张、语言恐吓、意外事件的干扰、身体过度疲劳等因素，均可导致新婚期 ED 或蜜月期 ED。总之，新婚期 ED 多为功能性 ED，一般在获得正确的性知识和正确的性指导后，均能彻底治愈，患者大可不必担心、紧张。

男性过度肥胖会导致 ED 吗

俗话说得好，良好的夫妻生活质量也需要强健的身体来支撑，而现在肥胖的男性愈来愈多，肥胖给男性健康带来了极大的危害。肥胖者，尤其是过度肥胖的男性不仅易患糖尿病、高血脂、高血压、冠心病等疾病，甚至可能导致 ED。这样的案例临床上并不少见。为什么肥胖尤其过度肥胖的男性可能引起 ED 呢？具体与以下几个因素有关。

☪ 肥胖可以引起体内性激素变化，使雄激素过多地转化为雌激素，从而诱发 ED。

☪ 过度肥胖者不仅性交姿势不便，而且由于小腹脂肪大量堆积，影响阴茎的外在长度，进而影响与阴道的结合，甚至难以插入阴道，从而不能满足性生活的需要。过度肥胖者往往会因为肥胖而产生消极自卑心理，如心理负担、社交困难等，引起自信心缺乏，情绪抑郁反应明显，而精神障碍也可引起 ED。

因此，在日常生活中男性朋友要养成良好的习惯，尤其是患有 ED 的肥胖男性朋友，一定要引起重视。首先要做到科学减肥，合理膳食，不贪吃多吃，注意营养均衡；其次要加强锻炼，持之以恒；再次要戒除烟酒；最后要增强自信心。只有将它们结合起来，样样做到，才能做一个真正健康的人。这样不仅能预防和治疗 ED，而且还可以提高性生活质量。

14 患了 ED 如何看医生

由于受传统观念的影响，ED 成了男人的难言之隐，很多人患了 ED 却不愿意去正规医院就医。他们认为，患了 ED 是很丢人的事，自尊心受到了很大伤害。另外，他们还会片面地认为 ED 是由心理因素引起的，只要放松心情、饮食上多补一补就可以康复；还有的人则自己为自己诊断，自己买药吃，以致延误病情。我们在临床中经常遇到一些患者，发现自己患 ED 后，擅自服用补肾壮阳类药物，结果非但没有效果，反而加重病情，甚至出现口干、舌燥、牙龈出血等不良反应。

实际上，ED 是男性很常见的一种疾病。近期研究表明，ED 往往是某些心血管、脑血管疾病最早出现的症状之一，是身体状况低下的一种表现，因此有学者把它比喻为男性健康的"晴雨表"。所以患 ED 后一定要大大方方到正规医院就医，查明病因并及时治疗，以免延误病情。那么患了 ED 如何看医生呢？

首先，要到信誉好的正规医院专科，找自己信任的医生就诊。切记不要盲目听信抖音、微信等媒体的广告宣传和私信推销，去找无证游医和不正规的医院或科室就诊，以免延误诊治时机，甚至加重病情。

其次，患者要大胆对医生开口，克服羞怯、自卑心理，详细向医生介绍自己的发病过程及治疗情况，以便医生做出科学正确的诊断和治疗。并且还要树立治愈疾病的信心。因为许多 ED 患者鼓足勇气去医院，但面对敏感话题，与医生缺乏有效交流，结果常常没把该说的病情说清楚。更多的时候，许多男性患者支支吾吾，不知如何开口。当然，如果没有勇气将病情直接告诉医生，可以采用一些小技巧，如在去医院之前最好把要说的几点写在纸上给医生看，或是直截了当说怀疑自己可能患了 ED，需要做哪些检查，是什么原因导致的，怎么治疗，生活上要注意哪些。

最后，就要按照医生的诊疗方案，积极主动配合医生治疗。要相信医生，向医生详细叙述发病过程以及现在最主要的痛苦所在，使医生做到有的放矢地进行检查及化验。主动配合医生的体格检查，严格执行医嘱，耐心接受医生的询问，以免遗漏病情。按医生的要求做相关性功能的检查，并为检查做好准备。对医生的诊断要心平气和地接受，不要急躁，要相信医生。对自己抱有期望，对医生抱有希望。

15 患了 ED 能治好吗

笔者在门诊时经常有 ED 患者问：患了 ED 能治好吗？在这里可以明确地告诉广大患者朋友，一般来说，只要及时就诊，查明原因，综合调理，绝大多数患者是可以治好的。有些功能性 ED，如新婚期 ED、境遇性 ED 等；有些器质性 ED，如内分泌性 ED、药物性 ED 等，经过科学治疗，也可以痊愈。对有些重度 ED 患者，采取中西医结合保守治疗无效者，可以考虑手术治疗。

16 ED 患者应如何积极配合医生治疗

ED 患者一旦明确诊断后，除按照医嘱积极治疗外，还要配合医生做好以下几点，才能取得更加理想的疗效。

（1）持有充满自信、愉悦乐观的心情：医生在临床上遇到一些患者，在经历一段时间的治疗后，因效果不满意，他们会以怀疑一切的态度来对待医生。甚至有的患者经历过几次治疗失败后，失去耐心，对医生产生抵触情绪，对自己失去信心，变得沮丧、消极，甚至做出些极端的事情来。这样做对疾病康复只能起反作用。患者要增强自信心，相信自己。请记住，对 ED 患者而言，信心和积极乐观的态度，是获得良好效果的前提。

（2）夫妻双方要坦然面对：ED 一旦发生，需要男女双方正确对待，弄清发病原因。如果由心理因素引起者，可对患者包括女方在内进行细致、耐心的性知识教育及心理治疗，使之减轻对房事的焦虑心理，消除不必要的顾虑，树立战胜疾病的信心。在检查和治疗中，女方要体贴男方，千万不能指责对方，使患者在被谅解、理解的基础上增强自信。

（3）劳逸结合，戒除手淫：ED 患者平时要注意劳逸结合，过度的体力和脑力劳动，常会引起高级神经活动的功能障碍；要戒除手淫；治疗期间应停止夫妻生活；调整情绪，消除因偶尔房事失败产生的恐惧心理。

（4）戒除烟酒，加强锻炼：要戒除烟酒，对影响性功能的药物尽可能不用或少用；积极参加有益的文体活动，适度锻炼，提高身体素质。

（5）配合食疗：在医生的指导下，配合食疗，常可获得事半功倍的效果。

17 为什么说"丈夫患 ED，妻子是良医"

"丈夫患 ED，妻子是良医"，充分说明了丈夫患病后，除积极看医生、规范治疗外，妻子的积极参与和配合也是极其重要的。那么妻子要如何做好这个家庭医生呢？

首先，妻子要从精神上给予丈夫鼓励，心理上给予安慰，使丈夫树立战胜 ED 的信心。夫妻是最亲密的伴侣，往往通过一个爱抚动作、一个手势、一句话，甚至一个眼神就知道对方要什么了。所以丈夫患了 ED，尤其是心理因素引起的，更需要妻子的帮助，妻子从心理上给予丈夫鼓励自然会收到良好的效果。丈夫患了 ED，在精神上往往感到非常痛苦，思想包袱很重，自觉对不起妻子，在这种负疚、紧张情绪下，会对自己的性功能失去信心，从而加重病情。这时作为妻子千万不能责怪、抱怨，不能冷言冷语伤害丈夫，更不能因此降低丈夫在家中的地位。应关心体贴丈夫，共同找出失败的原因，帮助丈夫排除情绪上的自卑与消沉，使丈夫精神振作起来，心情开朗，以助早日康复。

其次，夫妻要共同找出丈夫患病的原因，共同去克服和解决这些不良因素。人性功能正常与否，可以说是身体状况、心理因素和周围环境等是否最佳的综合反映。如属于家庭中的问题，要及时协调关系，设法调整感情，除注意语言表现外，重温恋爱、结婚、新婚蜜月时的感受，再次激起感情的浪花，让彼此之间爱得更深沉、更富有浪漫色彩；如属体质虚弱，做妻子的应该安排好饮食，有针对性地进补；如属环境不佳，要改善居室环境，比如装点居室，让孩子另睡一床等；如与工作压力过大有关，应开导丈夫，合理安排工作，要保护好"革命"的本钱，遇事要想得开、放得下。另外，性生活都要有一个诱发和准备过程，妻子应该变被动为主动，这对丈夫消除恐惧感有帮助。另外，妻子还有必要控制性交的频次，以让丈夫养精蓄锐。

最后，妻子在对待丈夫患 ED 问题上，应采取既温存又严格的态度，不仅当良医还要学会当好老师。除在生活上体贴、关心、照顾，在情感上体谅、理解、爱抚外，还要指导和帮助丈夫力戒不良习惯，如戒除烟酒，注意劳逸结合，让丈夫参加体育锻炼，以增强体质。

 功能性 ED 短时间就能治好吗

一般而言，功能性 ED 较器质性 ED 治疗效果好，但也有些患者不是在短时间内就能够治愈的。下面这个患者就是经过 1 年多的治疗痊愈的。

> 笔者曾接诊过一位 35 岁的 ED 患者，再婚，婚后 1 年半，阴茎不能勃起，无法完成性生活。患者看过几个医生，查过性激素、进行过夜间阴茎勃起试验等，均未见明显异常。曾服用补肾壮阳类药物及磷酸二酯酶 V 型抑制剂，如西地那非、他达拉非，没有效果。抑郁与焦虑自评量表测试正常。我们又对患者进行了阴茎海绵体内注射血管活性药物试验（ICI）及注射药物前、后阴茎彩色多普勒超声检查，提示阴茎海绵体、阴茎动静脉及血流速度正常。详细询问病史得知，3 年前，患者前妻因产后大出血不幸去世，他目睹了妻子的整个抢救过程，大出血的场景、妻子的呻吟、痛苦的表情等，在其脑海打下了深深的烙印，留下了难以抹去的阴影。1 年后再婚，尽管现任妻子比自己小 10 多岁，长得漂亮，还很温柔，但每到房事时，他总会想到前妻抢救的那一幕，结果次次阴茎勃起失败，患者非常沮丧和苦恼。这是一例典型的功能性（心理性）ED 案例，恐惧、焦虑抑制了性中枢，引起的 ED。我们通过心理疏导、针刺联合疏肝类中药，同时鼓励其妻子积极参与治疗，给予丈夫更多的关心、关爱和安慰，鼓励丈夫提升自信。治疗 1 年多痊愈。2 年后电话随访，这对夫妻已生育一女孩。

19 男性在什么情况下不宜过性生活

（1）患严重冠心病、脑血管疾病者：有这些疾病的人过性生活时很容易诱发心绞痛、心肌梗死和脑卒中等。

（2）患有严重高血压者：患有严重高血压且血压控制不理想者不宜过性生活。患有高血压往往伴有心、脑和肾的损伤，血管脆性较大，性生活时血压急剧上升，发生心脑血管意外的可能性很大。

（3）酒后不宜行房事：大量饮酒会出现 ED 或早泄；少量饮酒使人处于一种短暂的兴奋状态，过分激动，性行为过于粗野鲁莽，易出现生殖器官损伤；另外，酒后怀孕生出畸形或智力低下胎儿的概率较高。

（4）饭后、洗浴后不宜过性生活：因为饱餐后血液大量进入胃肠道，洗澡后皮肤血管扩张，大量血液进入皮肤血管中，如果此时进行房事，分配到生殖器官的血液就会相应减少，如此竞争的结果势必一方供血不足，易发生严重后果。当然饥饿时也不能过性生活。

（5）患有不宜过性生活的疾病：如慢性肾炎的发作期、手术的恢复期、性病没有彻底治愈前等。

（6）周围环境、天气状况恶劣时不宜过性生活：性生活需要一个温馨、安全、舒适、优雅、安静的环境，不要在雷雨天过性生活，否则易引起男性性功能障碍。

另外，在心情不佳、情绪低落或身体疲劳的状况下也不宜过性生活。

 什么是阴茎异常勃起？阴茎异常勃起有哪几种类型

张先生，40 岁，因 ED 自行到药店购买了几片所谓的"壮阳药"，晚上 10 点在性生活时吃了 1 片，感觉有效但不明显，于是又吃了 1 片，1 小时后的确效果很好，阴茎勃起坚硬，多次性交仍不消退，并伴有阴茎疼痛，一直持续到凌晨 5 点阴茎疼痛仍没有消退。这时张先生紧张了，赶紧到医院治疗，被诊断为阴茎异常勃起，通过相应处理而痊愈。

刘某，21 岁，大学生，1 周前在一次体育活动中从高处往下跳时，不慎被一物体撞击了一下会阴处，当时仅感会阴部有些胀痛，局部没有肿胀或伤痕，就没有在意。但1周后阴茎却开始处于半勃起状态，其非常害怕，赶快到医院就诊。医生检查发现：阴茎处于半勃起状态，与会阴大约呈80°，阴茎勃起不充分，患者无胀痛感觉。诊断为阴茎异常勃起。经B超检查阴茎动脉血流良好。经保守治疗2天无效。在医生的建议下给患者做了选择性阴部内动脉造影，明确了动脉裂伤部位，最后经过修补手术而痊愈。

所谓阴茎异常勃起主要见于两种情况：第一种情况是在没有性冲动和性刺激的情况下，阴茎不自主地持续性勃起，且一直伴有疼痛超过6小时；第二种情况就是性交完毕后，已经射精但是阴茎仍持续勃起，明显肿胀疼痛超过6小时，难以忍受。阴茎异常勃起与正常的生理性阴茎勃起明显不同。已婚正常男性在性生活时阴茎自然勃起，一般在射精后阴茎自然变软，即使部分性欲较强的人在射精后又很快勃起，甚至继续性交，但是从射精到重复勃起，都有一个"不应期"，而且没有明显的阴茎疼痛。阴茎异常勃起是男科的一种急症，若处理不当易造成永久性ED，该病可以发生于任何年龄，但以青壮年多见，常有明显诱因。

说到这里，有读者可能会问，张先生是阴茎异常勃起，刘某阴茎勃起并不充分，也是阴茎异常勃起，二者有什么区别？阴茎异常勃起有哪些类型？

（1）缺血性阴茎异常勃起：是临床常见的类型，其特点是阴茎海绵体内静脉血流出量减少，血液滞留，海绵体内压力增高，动脉血流入量减少甚至停滞，阴茎海绵体出现缺氧和酸中毒。临床表现为阴茎持续坚硬勃起和疼痛，超声检查动脉血流减少，张先生就是这种类型的阴茎异常勃起。这种类型的阴茎异常勃起必须尽快处理，否则易导致永久性ED。

（2）非缺血性阴茎异常勃起：是一种少见的阴茎异常勃起类型，多由于阴茎海绵体动脉或分支损伤形成动脉-海绵体瘘引起，一般不出现组织缺氧或酸中毒，阴茎呈持续性部分勃起状态，通常无勃起疼痛或轻微疼痛，超声检查动脉血流良好。

为什么会出现阴茎异常勃起

阴茎异常勃起的病理生理机制现在还不完全清楚，在临床上可分为原发性和继发性两种。原发性阴茎异常勃起是无潜在的原发性疾病存在而出现的阴茎异常勃起，目前病因还不明确，但一般认为与一味追求"金枪不倒"，或反复手淫及应用药物增强性感觉、提高性功能有关，多见于 18 ～ 50 岁的人。

继发性阴茎异常勃起常见的原因主要有以下几种。

☺ 一些会阴、阴茎外伤造成支配阴茎海绵体供血的动脉血管损伤。

☺ 由于治疗和诊断的需要，在阴茎海绵体内注射血管活性药物（如罂粟碱、前列地尔等）而引起。

☺ 某些手术，尤其是盆腔手术导致动脉血通过异常通道直接进入海绵窦。

☺ 某些血液病，如真性红细胞增多症、血小板减少症、慢性髓细胞性白血病（慢性粒细胞性白血病）、血栓性静脉炎，特别是镰状细胞贫血。还有膀胱癌、前列腺癌等引起阴茎静脉回流障碍，造成阴茎异常勃起。

☺ 一些药物的影响，如氯丙嗪、氯氮平、哌唑嗪等，在使用时一定要慎重。

 什么是阴茎折断

2008 年 5 月的一天下午，医生正准备整理东西下班，这时一位 30 岁左右的男士穿着大裤衩，一脸痛苦地走进诊室。医生急问怎么回事。患者忙说阴茎疼痛。检查发现阴茎背侧中部肿胀，皮肤颜色呈紫黑色，阴茎向下弯曲，并伴尿道滴血。看到这种情况，医生让患者急查阴茎彩超，最后告诉患者，你的阴茎折断了，病情比较重，需要马上住院手术，否则将来会影响性功能。

阴茎折断是指由外力造成的阴茎白膜和海绵体破裂的阴茎损伤状态。通常发生于暴力性性交过程中，当勃起的阴茎从阴道中滑出撞击到会阴或耻骨时，会引起此类损伤。临床表现为阴茎疼痛、肿胀，若阴茎深筋膜（巴克筋膜）完整则可出现典型的"茄子样"畸形，血肿可向阴囊、会阴及耻骨上区延伸。严重者可合并尿道损伤，出现排尿困难和血尿。后来患者告诉医生，之所以出现这种情况，都是自己"别出心裁"的结果。因为患者长期出差在外，这次出差时间达 4 个月，回家见到含情脉脉的貌美妻子，特别兴奋。在同房过程中，还想玩点新花样，要求妻子坐在床沿，他退后几步，随即助跑几步跃过去，岂料有失准头撞到床帮上，只听"啪"的一声阴茎立刻肿胀起来，疼痛难忍。由于处理及时，患者住院 10 多天就出院了，半年后随访性生活如同阴茎折断前一样，没有任何后遗症。

为避免该情况的发生，建议做好以下几点。

☺ 新婚夫妇要加强性知识的学习，作为男性要了解女性外生殖器官的解剖结构，夫妻之间要相互体贴和关怀，逐渐积累性生活的经验。

☺ 性交体位、动作和力度要适当，切忌动作粗暴，用力过猛。

☺ 戒除不良手淫，偶尔手淫要注意对阴茎勃起时的保护。

☺ 无论是大人还是小孩，夜间小便时注意开灯，以免尿急时着急去厕所，造成因憋尿而勃起的阴茎撞到硬物上而出现意外。

 性欲低下是怎么回事

孙医生去参加同学聚会，老友重逢，不胜欢喜，把酒问盏。三巡酒后，陈同学唉声叹气。察其言，观其色，知其定有心事。几次追问，陈同学才畅言其苦：刚不惑之年，事业顺心，家庭美满，无忧无虑。然夫妻生活每况愈下，望娇妻却无欲无求。如此性欲低下，是咋回事？陈同学语惊四座，另几位相继诉苦说：您是这方面的专家，愿闻其详？孙医生只得现场解惑。

孙医生详问其病因、病史及症状，了解其生活起居与嗜好，遂进行专场答疑：所谓的性欲低下通常是患者自己认为对性幻想和性生活不感兴趣，即使在有效的性刺激下，也不能引起性兴奋，没有进行性交的欲望，导致性功能和性行为水平降低。但并不是所有对性生活不感兴趣和性幻想减少等都是性欲低下。一些老夫少妻，女方性欲旺盛，男方相对性欲低下，还有在特定环境下或者针对不同的对象时性欲下降都不能称为性欲低下。其主要原因还是因某些疾病、药物、疲惫、环境等各种因素综合引起的。性欲低下的患者不是仅限于夫妻的性关系方面，而是对所有的性满足欲望均低下。是否性欲低下一定要从患者的年龄、身体状况、工作环境和夫妻感情等方面进行综合分析，总之，对性欲低下的诊断一定要慎重。

 为什么会出现性欲低下

（1）社会心理因素：这是性欲低下的最常见原因。主要包括夫妻感情不和、忌惮宗教戒律、缺乏性自信，对性生活有内疚、恐惧、焦虑之感，甚至罪恶感等。

（2）某些严重的全身性慢性疾病的影响：如慢性活动性肝炎、肝硬化、慢性肾衰竭、慢性充血性心力衰竭及一些内分泌疾病等，因其可影响激素正常代谢过程，从而导致性欲低下。

（3）泌尿生殖系统方面疾病的影响：阴茎海绵体硬结症、阴茎发育不全、生殖器官炎症等造成性交困难，患者长此以往就会对性生活失去兴趣，出现性欲低下。

（4）长期服用某些药物的影响：长期服用降血压药、抗精神病药、孕激素等可以诱发性欲低下。

25 什么是性欲亢进

2010 年春节期间，陈医生曾经接诊过一位患者，名为张强，说自己性欲亢进，每晚都要过 4 ～ 5 次性生活才能满足，对此妻子颇有怨言，自己也非常苦恼。经过相关检查没有发现异常。进一步了解后得知，该患者是一名军人，新婚3天因执行紧急任务就迅速返回了部队。现在是春节回家探亲。于是陈医生告诉他，这种情况不属于性欲亢进，只须和妻子好好交流，少吃辛辣刺激的食物，放下思想包袱就行，慢慢就会好的。

所谓性欲亢进是指性欲特别强烈，超出正常状态，出现频繁的性兴奋，性行为要求异常迫切，性交频次增加，性交时间延长，而且不分时间、地点、场合和亲疏，多次要求性生活以满足其性欲而不能自我控制的状态。但是新婚或久别重逢，男性对性生活要求强烈，房事相对较多，且这种情况不会持续太久就会恢复正常，这种情况不属于性欲亢进。张强就是如此，不能诊断为性欲亢进。

26 出现性欲亢进的主要原因有哪些

2010年，孙医生曾诊治过一位46岁的男性患者，近半年来性欲十分强烈，几乎每天都要过性生活，难以自控，本人及妻子痛苦不堪。经性激素测定，发现雄激素很高，又通过睾丸、附睾等超声检查，确诊为睾丸间质细胞瘤，最后经手术治疗而愈。

由此可见，对于突然出现性欲亢进，或者性欲的突然亢进明显与自己年龄、身体等状况不相符者，一定要及时看医生。一般而言，性欲亢进主要是性神经兴奋过于增强所致，常见原因主要有以下几种。

（1）大脑或下丘脑某些病变的影响：这些病变，如垂体肿瘤等造成体内雄激素分泌过高，从而引起对性刺激敏感性增强。

（2）一些药物的影响：如长期滥用促性腺激素类药物或雄激素类药物，或过服补肾壮阳类药物，或吸食某种毒品成瘾等。

（3）睾丸间质细胞瘤：由于分泌较多雄激素，会出现性欲亢进。

（4）某些精神心理疾病的影响：如甲状腺功能亢进、躁狂症、精神分裂症等有时也会出现性欲亢进。

（5）精神因素引起：长时间观看色情小说、淫秽录像，反复接受大量性刺激，受本能的驱使，整天沉溺酒色之中，渐渐失去理智，就会出现性欲亢进。

27 身材魁梧强壮的男士性功能一定强吗

男性身材高大魁梧，并不代表其性功能就一定强。大量研究证实，它们之间没有直接关系，完全是有些人的想象。因为一次完美的性生活，不仅需要一个强健的体魄做保证，同时需要其内分泌系统、神经系统等功能的正常和参与，其中的任何一个环节出现障碍，就会影响其性功能。临床上，医生常遇到健壮的高帅小伙，因克兰费尔特综合征（XXY 综合征），外生殖器官没有正常发育，患 ED 来就诊的，所以千万不能以身材高低、是否强壮来论"英雄"。

28 超雄综合征患者性功能是否都很强

超雄综合征（XYY 综合征）是一种先天性疾病，是一种性染色体异常综合征，主要表现为：智力正常或低下，身材高大、脾气暴躁、易激动，部分患者没有生育能力。其典型染色体核型为 47，XYY。由于多了一条 Y 染色体，有些人就认为其性功能一定超过正常男人，其实并非如此。

前些年，张医生曾诊治过一位 33 岁、以不育 2 年余而就诊的男性患者。身材高大（187 厘米），体质健硕。体检：外生殖器官发育为正常成人型，双侧睾丸约 25 毫升，质韧，附睾、精索等均未见明显异常。精液分析：精子密度（精子浓度）不足每升 300 万。染色体核型分析：47，XYY。据此诊断为超雄综合征。基于此，张医生建议做第三代试管婴儿。2 年后随访，他们做第三代试管婴儿一次就成功了，生下一个健康男宝。而该患者智力正常，研究生毕业，还是某企业高管，不善言谈，性格内向，按照他的说法，性功能并没有超过正常人。由此可见，凡事都有例外，决不能一概而论。

29 什么是射精痛

射精痛是指由药物或疾病导致的射精时或射精后，阴茎、会阴、尿道、睾丸、下腹部疼痛或不适的表现。

射精是男性性生活的高潮阶段，在神经支配下，由内生殖器官，包括附睾、精囊、输精管、前列腺等相关肌肉有节律地收缩，把附睾中的精子、前列腺液、精囊液等混合为一（精液）排入尿道，再由阴茎、会阴的肌肉有节律地收缩，将精液排出体外。正常的射精活动会出现欣快感，但是，若上述任何一个部位发生病变，如患前列腺炎、精囊炎等，就有可能引起射精痛。

30 堂堂男子汉为何不射精

刘某，男，31岁，2010年9月以结婚5年不育、不射精8年，但手淫可以射精为主诉就诊。患者身高180厘米，身材魁梧，在19岁曾结婚生一子，但离婚后有了手淫习惯，手淫3年后出现同房时不能达到性高潮、获得性快感，不能射精的情况，但在手淫情况下可射精。患者阴茎勃起功能正常，能进行正常性生活。其妻子情绪激动，询问医生："堂堂男子汉为何不射精？"

不射精通常是指阴茎虽然能正常勃起和性交，但就是达不到性高潮、获得性快感，不能射精；或是在其他情况下可射精，而在阴道内不射精。

为了便于大家理解，我们先了解一下射精的基本过程。它发生在性兴奋期，阴茎的刺激经阴部感觉神经传至脊髓射精中枢，再通过有关神经反射使附睾和输精管收缩，驱使精液进入后尿道，接着脊髓中枢兴奋引起膀胱内括约肌关闭，防止精液逆流入膀胱，最后将精液经尿道外口排出体外，即产生射精。所以说，射精活动是神经系统、内分泌系统、生殖系统共同参与和相互协调的复杂生理活动，其任何部位出现病变都可以导致不射精。

一般将不射精分为功能性和器质性两类。其中绝大多数不射精（90%以上）是功能性不射精，多因性知识缺乏、性心理障碍等导致。功能性不射精多与大脑皮层、丘脑下部高级中枢功能紊乱，使脊髓射精中枢受到抑制，性交时刺激往往达不到射精发生所需要的刺激量（医学上称为阈值）有关。

器质性不射精多见于先天性泌尿生殖系统发育异常、脊髓损伤、输精管梗阻、某些颅脑病变等。

31 为什么性生活时有射精的快感但没有精液排出

孙医生曾诊治过一位 28 岁男性不育患者，结婚 2 年未育。生殖系统检查：双侧睾丸、附睾、精索等未见明显异常，但患者不能取出精液进行化验。询问得知，患者结婚 2 年，夫妻生活时每次都有射精感觉，但却从未发现精液排出。患者有 6 年的糖尿病病史。经过相关检查，最后诊断该患者患逆行射精，糖尿病是其主要病因。

临床上，经常会遇到这样的患者，性生活时有射精的快感，阴茎勃起的硬度和性生活时间都比较满意，但却没有精液排出，多数患者是因不育而就诊。这种情况，医学上称为"逆行射精"。

正常情况下，当生殖器官受到的刺激通过阴部神经传入到大脑高级射精中枢后，回传的冲动经胸、腰椎的交感神经节引起前列腺、附睾和输精管的收缩，把精液泄入后尿道，射精过程中膀胱内括约肌处于痉挛收缩状态，防止精液流入膀胱，回传到骶部副交感神经的冲动，一方面使球海绵体肌（阴道括约肌）及坐骨海绵体肌（阴茎勃起肌）产生有节律地收缩；另一方面使尿道外括约肌舒张，在前列腺有节律地收缩下，将精液从尿道喷发出去。

任何干扰膀胱解剖生理功能，或阻断下尿路交感神经支配的因素，都将造成膀胱颈部和尿道外括约肌功能的共济失调，使膀胱内括约肌松弛，关闭不全，而外括约肌反而收缩，则会使已进入尿道前列腺部的精液逆向射入膀胱而造成逆行射精。逆行射精的常见病因有以下几种。

☺ 先天性膀胱颈挛缩、尿道瓣膜、脊柱裂、膀胱憩室，膀胱、尿道和精阜的慢性炎症，可引起膀胱括约肌功能失调而致逆行射精。

☺ 严重尿道狭窄时只能通过少量尿液，而精液黏稠度高，常不能通过，在阴茎勃起时狭窄更为严重，以致精液被迫向后通过括约肌进入膀胱。巨大膀胱结石患者长期持续用力排尿，可引起括约肌功能过度代偿，最后丧失收缩能力，导致逆行射精。

☺ 手术外伤等损伤交感神经，如骨盆骨折、尿道撕裂、手术损伤膀胱颈部括约肌及经尿道切除前列腺和膀胱颈部等，均可造成膀胱颈部括约肌功能丧失，致射精时膀胱颈部不能关闭。各种盆腔内手术，如直肠癌根治术、后腹膜淋巴结清扫术、腰交感神经切除术、腹主动脉瘤切除术，均可影响支配后尿道的交感神经，导致逆行射精。

☺ 神经内分泌疾患，如糖尿病之神经病变，支配后尿道的括约肌因神经系统或局部病变引起括约肌功能失调而致逆行射精。

☺ 药物因素，如胍乙啶、利血平、溴苄胺等都可引起逆行射精。

 为什么射精时没有性快感？出现这种情况应该怎么办

孙医生几年前诊治过一位 30 岁的男性患者王某，他是在妻子的"胁迫"下来就诊的。到了诊室，妻子就滔滔不绝地介绍丈夫的病情，说丈夫近半年没有激情，曾一直怀疑丈夫有了婚外情，但通过一段时间的"侦探"后，发现丈夫对自己很专一，不存在什么移情别恋，可能是有病，所以才将丈夫"押来"看医生。通过交流，孙医生了解到夫妻二人是大学同学，结婚 3 年，龙凤胎儿女 1 岁多，家庭幸福，事业顺意，二人感情如胶似漆。王某介绍，近一年来在过性生活时，没有了射精时的性快感，精液不像从前"喷射"而出，有"力"有"量"，而是慢悠悠的流出，无"力"且"量"少，甚至有的时候，还没有"货"。久而久之对夫妻性生活就没了兴致，尤其是近半年，几乎完全不想过性生活，总是有意躲避妻子。这是一位"射精障碍"患者，通过内服中药，联合针刺、艾灸和食疗等，调治半年而愈。

性生活的最终目的（除繁衍后代外）是追求性快感，达到身心愉悦。当男性性生活时没了射精的感觉，没有了性快感，也就失去了性生活的乐趣。射精没有感觉的情况，医学上称为射精障碍，是射精无力的反映，或者因感觉神经传入障碍而引起。为什么会出现这种情况呢？原因主要有以下几点。

（1）纵欲过度：主要是指性生活过频或手淫过度从而导致射精障碍。表现为精液自尿道口流出，而不是射出，自己没有感觉。如患者王某的情况，其根本原因就是前期夫妻性生活过度。

（2）器质性因素：主要是指神经和内分泌方面存在一些疾病。如脑和脊髓的病变，会妨碍射精功能的正常发挥；如下丘脑、垂体、睾丸有病变，则影响性激素分泌，而射精过程需要性激素的支持，性激素降低可以导致射精感觉障碍。

（3）阴茎头敏感性降低：如涂抹于阴茎头的麻醉药物过多，致使阴茎头的敏感性降低，就可以出现射精无感觉的情况。

如果患者出现射精障碍情况，应该及时看医生。首先，要查明原因。对因其他疾病引起的射精障碍，要积极治疗原发疾病；因房事过度或疲劳引起的射精障碍，要节制性生活。其次，应辨证使用中药和针灸治疗，可以在医生指导下配合食疗。同时要做好日常生活调理，加强射精时所用肌肉的锻炼，可以坚持做提肛运动或深蹲活动。一般而言，通过 3～6 个月的综合调理，绝大多数患者都可恢复正常。

 是否"性"福，不以"阴茎长短"论英雄

尽管我们一直在科普关于阴茎大小等的常识，但男性对自己阴茎长短、粗细的纠结却从来没停止过，很多人爱私下跟朋友攀比，甚至忍不住找医生咨询，话题无外乎"我这尺寸是不是太短了，怎么让它变长"。

阴茎正常的尺寸是多少呢？疲软时的长度不能作为标准，因为疲软状态时的影响因素较多，我们重点看的是阴茎勃起后的长度。成年人阴茎勃起后长度为 9～12 厘米。其实，对于女性来讲，阴茎长短并不影响性快感。阴

道的内 2/3 段对阴茎的刺激不太敏感,在性交时,阴茎和阴道的摩擦,刺激
了阴蒂、阴道的外 1/3 段、小阴唇及阴道口,才使女性获得快感。性快感是
受包括生理、心理、神经系统等多个因素影响的。一般而言,性生活时的环境、
双方的心情、身体处的状态,还有男方的性技巧等因素对女方性欲的满足
非常重要。所以在这里也提醒一些男性朋友,不要总纠结自己阴茎的长短和
粗细,提升自己的性技巧更重要。为了夫妻性生活更加和谐美满,男性朋友
有必要了解相关性知识,学习掌握一些性技巧。

 吃药、打针能让成年男性的阴茎变"大"吗

> 2020 年,孙医生诊治过一名严重遗精的 30 岁男性未婚患者李
> 某,遗精近半年,近 1 个月加重。几乎每天都有遗精,有时一个晚
> 上 3 ~ 4 次,开始时有梦遗,但近半个月是无梦而遗。经询问病史
> 得知,小伙子总感觉自己的阴茎短小,不敢谈女朋友,认为自己有
> 问题,怕耽误了别人。于是就开始听信某些广告宣传,说吃药可以
> 让阴茎变大、变粗,开启了让自己阴茎变大、变粗的治疗之路。用
> 药近 1 年,非但没有什么效果,反而出现了频繁遗精、口舌生疮等
> 症状。

阴茎大小始终是男性朋友十分关注的话题。由于其形状、大小不同,缺
乏性知识的人对此常有各种想象,认为阴茎的大小决定人的性功能,是性功
能的象征和标志。有些男性就想通过吃药、打针等方法让阴茎增粗变大。其
实这种治疗没有任何效果,有时还会产生一些副作用,或引起其他疾病,就
如上面的患者李某。

为了便于大家更好地理解,我们就先从阴茎的发育谈起。阴茎的发育在
10 岁以前一般较慢,从 14 岁后(进入青春期)开始加快,到 18 岁为发育高峰,
20 岁以后基本不再发育了(定型了)。成年男子阴茎未勃起时(自然状态下),
长度为 3 ~ 10 厘米,直径一般为 2 ~ 3.5 厘米,勃起后长度为 9 ~ 12 厘米。

只要在这个范围之内阴茎发育就属于正常，男性大可不必担心自己的发育有问题。由此可见，成年男性的阴茎是不可能再增粗变长的。谈到这里，可能有男性朋友会问，自己治疗后感觉阴茎比以前大了，尤其是勃起时，这不是治疗的作用吗？当然不是治疗的效果。因为阴茎的勃起受诸多因素的影响，如心情、环境、身体等，即使在自然状态下，阴茎大小也会受环境温度的干扰，冷了就小点，热了就大些。

 为什么说包茎和包皮过长是性健康的杀手

包茎和包皮过长是性健康及生殖健康的杀手，此话绝不是危言耸听。为了全面、系统和正确地了解这个问题，我们首先要搞清楚什么是包茎和包皮过长。

包茎是指阴茎发育良好，而包皮口狭窄或包皮与阴茎头粘连，包皮不能翻转显露阴茎头；或可勉强上翻，在冠状沟形成狭窄环。

包皮过长是指阴茎在非勃起状态下，包皮覆盖阴茎头和尿道口；但仍能上翻露出尿道口和阴茎头的现象；或阴茎勃起时，需要用手上翻包皮才能露出阴茎头。

包茎和包皮过长的主要病理改变有以下几个方面：

（1）包皮垢：多数包皮垢无特殊症状，可隔包皮触及或隔着皮肤能看到黄白色团块，粘连在包皮内板与阴茎头、冠状沟处。

（2）包皮与阴茎头粘连：主要表现在包皮无法上翻，阴茎头不能露出。并发尿路感染时出现尿频、尿急和尿痛，如导致了尿道口狭窄，可表现为尿线变细或排尿不畅等。

（3）包皮口狭窄：主要表现为包皮口有狭窄环，上翻显露阴茎头困难，严重者包皮口狭窄呈针尖样，导致排尿时出现一个大泡，如气球样，部分患者皮肤皲裂、糜烂。

（4）包皮嵌顿：是指包皮上翻至阴茎头后方，如未及时复位，包皮环将阻碍静脉及淋巴循环引起水肿，致使包皮不能复位而形成嵌顿。嵌顿部位可见明显狭窄环，其远端包皮明显环状肿胀或青紫，阴茎头明显肿大，如果嵌顿时间过长，可能出现溃疡、炎性分泌物、发红，严重者可出现阴茎头缺血坏死。

（5）珍珠样阴茎丘疹：指在冠状沟处环绕阴茎头排列整齐的淡红色小丘疹，属于生理性变异，要注意与尖锐湿疣区分。

包茎和包皮过长的危害主要有以下几点：

（1）影响男性生殖器官发育和性功能：有研究表明，包茎会阻碍阴茎发育，影响成年男性阴茎发育程度及性功能。对男性性功能的影响主要表现为阴茎头的性敏感性降低等。

（2）配偶生殖道感染风险增加：有研究表明，包茎和包皮过长患者婚后配偶阴道炎、盆腔炎的发病率明显升高。

（3）是造成性传播疾病的高危因素：国际多个随机对照临床研究结果显示，包皮环切术可使艾滋病（AIDS）传播率降低 50% ～ 60%。研究结果还显示，包皮环切术可降低人乳头瘤病毒（HPV）、单纯疱疹病毒 2 型（HSV-2）、阴道毛滴虫、梅毒螺旋体、生殖支原体、解脲支原体的感染概率及生殖器溃疡的发生概率。包茎和包皮过长也是造成女性 HPV、HSV-2、梅毒螺旋体、沙眼支原体感染及生殖器溃疡和滴虫性阴道炎或细菌性阴道炎等多种性传播疾病的危险因素。

（4）诱发阴茎癌：阴茎癌是生殖系统常见的恶性肿瘤，包皮垢长期刺激是阴茎癌发生的重要原因。有研究表明，新生儿期包皮环切术可降低 95% ～ 99% 阴茎癌风险，儿童和青少年期的包皮环切术可降低 66% 的阴茎癌风险。由此可见，包茎和包皮过长是诱发阴茎癌的危险因素。

36 包茎、包皮过长会影响夫妻性生活吗

（1）可能会引起夫妻性生活时阴部疼痛：包皮皮脂腺会分泌一种奇臭的白色分泌物，包茎或包皮过长时，该分泌物不易排出去，长期积存就会形成包皮垢，其非常适宜细菌生长，造成阴茎头和包皮发生炎症，可能会在夫妻性生活时因摩擦引起阴部疼痛。

（2）可能会导致早泄：包皮过长的患者，由于平时阴茎头黏膜隐藏于包

皮下，阴茎头黏膜与内裤的摩擦、刺激较少，使得阴茎头黏膜的神经感觉过于敏感。当进行性生活时，阴茎勃起后阴茎头外露，由于阴茎头皮肤过于敏感，射精阈值可能会降低而诱发早泄。

（3）可能会引起性快感下降：包茎患者由于包皮不能正常上翻，当阴茎勃起时阴茎头不能外露，阴茎处皮肤的敏感性较阴茎头处皮肤的敏感性会更低，有可能会引起性快感下降，影响夫妻性生活的质量。

 为什么"小炎症"可能潜伏"大疾病"

苏先生，52 岁，近 1 个月阴茎头瘙痒、灼热，并且阴茎头表面有分泌物，曾在几家医院就诊，都被诊断为阴茎头包皮炎，外洗和口服的药物都用了，就是没有明显效果。后经朋友介绍前来就诊。检查发现患者包皮不长，阴茎头红肿，在阴茎头的背侧有两个小溃疡，伴有渗出。苏先生是一位大学教授，平时生活比较有规律，也经常锻炼身体，还很注意外阴卫生。但还是在李医生的建议下做了梅毒、生殖器疱疹、艾滋病等相关检查，结果都没有发现异常。苏先生也否认在出现炎症以前用过易引起过敏的药物。是什么原因引起的阴茎头包皮炎？如果是一般的炎症为什么用抗炎药和外洗药物没有效果呢？苏先生无意间的一句话，让李医生茅塞顿开。苏先生说到某省级医院就诊，检查后让静脉滴注氟罗沙星葡萄糖注射液治疗，结果不但没效，反而加重。这时李医生怀疑苏先生患有糖尿病，经过询问，尽管苏先生没有吃得多、口渴、消瘦等症状出现，但李医生还是让苏先生做了空腹血糖检查，结果达 17.8 毫摩／升。导致苏先生阴茎头包皮炎迟迟不好的原因竟是糖尿病。经过降糖和抗感染治疗半个月后，其阴茎头包皮炎痊愈。

王先生，50 岁，间断性包皮反复红肿、疼痛 3 年。每次发病都口服抗生素，用高锰酸钾稀释后外洗，几天后症状缓解，以后每隔几周就发病一次，同时其妻子也经常出现白带增多、小腹疼痛等症状。王先生因此非常苦恼。李医生检查发现其包皮过长，包皮在反复的炎症刺激下已成溃疡。王先生经抗炎药物治疗后，在李医生的建议下做了包皮环切术，之后再也没有犯过包皮炎。

包皮炎、阴茎头炎，或阴茎头包皮炎是男性最常见的炎症，多见于不注意局部卫生者或包皮过长者。一般来说，规范治疗 3～5 天即可痊愈。对反复发作、久治不愈者，要高度重视，主要从以下几个方面查找原因。

（1）糖尿病：尤其是没有糖尿病典型"三多一少"症状的患者常常被忽视，苏先生就是如此。

（2）性病：对久而不愈，尤其伴有溃疡的患者，一定要进行有关性病如梅毒、生殖器疱疹、艾滋病等的检查。

（3）局部过敏反应：对某些药物过敏，如感冒药、解热镇痛药等，或蚊虫叮咬等，再加上处理不当，常常导致久治不愈。

（4）配偶阴道炎症：阴茎头包皮炎多因念珠菌感染所致，如果性生活后发生，或炎症加重，可能与配偶患外阴阴道假丝酵母菌病等有关，要夫妻同查、同治。

38 男性初次也会"见红"吗

现实生活中，确实有一些男性在第一次性生活时会"见红"。所谓的男性初次"见红"是指性生活中出现阴茎头疼痛，或者性爱后发现阴茎头红肿、包皮破损，外生殖器官有血迹。

男性初次"见红"多见于以下几种情况：

（1）包皮过长、包茎：如果男性包皮过长或者包茎，性生活或者手淫时就容易出现包皮破损甚至撕裂。

另外，有一种情况要格外注意：当男性患有包茎或包皮过长比较严重时，由于外口狭窄的包皮包住阴茎头，如将包皮强行上翻又不及时复位时，狭窄的包皮口可能会紧勒在阴茎上，阻碍包皮远端和阴茎头的血液回流，致使这些部位发生肿胀，严重时会导致坏死，称为包皮嵌顿。这种情况发生时要及时就诊处理。

（2）阴茎头包皮炎：是指阴茎头和包皮皮肤的炎症性疾病。如果包皮破损经常出现，可能是阴茎头包皮炎导致，建议对症治疗，并且建议男女双方同查、同治。对皮肤过敏导致的皮肤破损出血，还可以使用抗过敏药物进行治疗等。

（3）包皮系带过短：阴茎下面正中有一条连接阴茎头与阴茎体的皮褶，叫包皮系带。负责躯体感觉传入的阴部神经的最重要分支叫阴茎背神经，它分布在阴茎背面的皮肤上，特别是其中的一个小分支专门分布在包皮系带上，所以包皮系带对外界刺激十分敏感，是阴茎最敏感的部位，也是男性重要的性敏感区之一。由于每个人的阴茎发育情况不同，包皮系带的长短和紧张度也不同。如果它短而紧的话，阴茎头在阴茎勃起时就会偏向下方，并可能因为性交时用力过猛而扯裂，引起出血、疼痛。这其实多半是男性的阴茎头或者包皮系带破损。如果包皮系带破损不严重，可以使用淡盐水或者聚维酮碘（碘伏）外涂，或局部涂抹消炎药膏。治疗期间患者一定要避免手淫或者性生活，以免影响伤口恢复。

包皮系带断裂多因性交用力过大或用力不当造成，多发生于包皮过长且包皮系带过短的人。包皮系带断裂后不必为恢复原状而缝合，一般只做简单压迫止血，最好再清洗一下，并消毒、包扎，以防感染。如果情况严重，应及时看专科医生。

 性生活后为什么会出现排尿困难

正常情况下，当我们有尿意时，大脑会发出指令，脊髓骶段排尿反射中枢发出的传导冲动，沿盆神经传出，使得膀胱逼尿肌收缩、尿道内括约肌松弛，同时腹肌收缩、膈肌下降，致使腹内压增高，压迫膀胱，然后尿就出来了。

当男性处于性兴奋状态时，尿道内括约肌高度收缩，因此当阴茎勃起时，就不会有想排尿的感觉。只有在性高潮后,海绵体内的血液迅速流入体循环,阴茎基本疲软,尿道内括约肌的紧张才能渐渐地解除,但假如相应肌肉的收缩还未解除,性生活之后就会发生排尿困难的情况。此外,性兴奋会导致前列腺充血肿胀,压迫后尿道,这也是房事后出现排尿困难的主要原因之一。

通常来讲,这种排尿困难一般发生在性生活后的数小时内,此时往往存在不同程度的尿液在膀胱内不能自主排出的现象。这是一种暂时的生理现象,并非病态,所以不必紧张、焦虑。

但为了避免这种情况的发生,可以在性生活开始之前排空小便。

要注意的一点是,如果自身就有慢性前列腺炎,或前列腺增生等排尿困难的疾病,一定要积极治疗原发疾病,预防性生活后急性排尿困难的发生。

 淡黄色精液正常吗

根据《世界卫生组织人类精液检查与处理实验室手册》第五版中的描述,正常精液呈现均质性、灰白色的外观。但淡黄色精液也比较常见,有生理性和病理性两种。

生理性淡黄色精液多是由于禁欲时间长,或者服用了某些药物,如维生素,尤其是 B 族维生素,会使尿液、精液发黄。

病理性淡黄色精液则要引起重视,常见的是生殖系统感染和肝功能异常导致黄疸。如果是生殖系统感染则往往伴有精液异味、尿频、尿急、尿痛、发热等症状;而肝功能异常者往往其皮肤、黏膜、巩膜也会发黄。如果精液时常出现淡黄色,建议到正规医院做个精液检查。提醒一下,去医院取精前需要禁欲 2 ～ 7 天。

 血精是什么原因引起的

(1)精囊炎:精囊炎是引起血精的主要原因。我们知道,精液由精子和精浆组成。精囊分泌的精囊液是精液的重要组成部分,占精液的 70% 以上。当精囊受到外来致病微生物,如大肠杆菌、变形杆菌等感染时,可引起精囊炎,由于精囊的囊壁很薄，一旦发炎容易出血，血液与精囊液、前列腺液等混合而出，则出现血精。急性期可表现为尿频、尿急及终末血尿，会阴、肛门部坠胀疼痛等，可伴有恶寒、发热等全身症状。慢性精囊炎多因急性精囊炎未彻底治愈转化而来。

此外，顽固性血精（反复发作且病程在半年以上，中西医结合治疗效果欠佳）患者，在精囊炎的同时多伴有精囊结石。

（2）前列腺病症：前列腺液也是精液的主要组成部分，占20％以上。因此当前列腺发生前列腺炎、前列腺增生、前列腺结核、前列腺肿瘤等也可引起前列腺组织出血而出现血精。

（3）纵欲过度：有的患者没有急性感染过程，而突然出现血精，这种情况患者多有手淫过度或长时间禁欲，精囊过于充盈饱满，突然排精后精囊内压力骤减，致使体内毛细血管破裂出血而见血精。有学者把这种情况称作"功能性精囊炎"。

（4）其他原因：精囊结核、某些血液病、肝硬化伴门静脉压增高致前列腺静脉丛压力升高，导致血管破裂，血液混入精液而见血精。

如果出现血精也不用过于紧张，要及时到医院治疗，千万不要讳疾忌医。

出现血精应该如何治疗

若出现血精，应及时就诊。首先要明确病因，采取针对性治疗。如果是精囊炎、前列腺炎等引起的，要使用抗生素，可根据情况使用止血剂，如卡巴克络（安络血）、甲萘醌（维生素 K_3）等以及激素类药物，并辅以热水坐浴，保持水温能耐受为度，以改善盆腔血液循环，促使炎症及时消除。中医药对血精也有较好疗效，尤其是功能性血精。中西医结合治疗血精效果较好。

特别要强调的是，血精治愈的标准，是通过精液显微镜下检查没有发现红细胞，决不能以肉眼观察结果作为治愈的依据。此外，在治疗期间，禁吃辛辣刺激性食物，如酒、辣椒，不要久坐，禁性生活。

43 血精患者必须进行精囊镜检查吗

2022年1月，王某，男，39岁，以血精3年余、加重1周前来就诊。患者3年前发现精液中带血，或鲜红，或暗红，或呈咖啡色，同时伴有射精时疼痛，腰骶部酸胀等症状，西医诊断为精囊炎，中医诊断为血精，给予中药、西药治疗，病情时轻时重，反反复复。其间生育一子，现已2岁。近1周又出现血精，颜色暗红，并伴会阴部疼痛。基于前期药物保守治疗效果不理想，需要进一步查找病因。精囊镜检查发现：精囊内有很多泥沙样结石。之后通过精囊镜反复冲洗，直到冲洗液变为透明无色，再用抗生素冲洗并灌注。最后又用中药调治近1个月痊愈。3个月后电话随访，未再出现血精。

从临床来看，血精多由精囊炎引起，一般通过中西医结合治疗，大多数都能获得较好疗效，不需要通过精囊镜检查。只有对顽固性血精（病程在半年以上且反复发作）患者，才需要进一步做精囊镜检查和治疗。

44 为什么性生活过程中阴茎突然"疲软"

刘某，男，35岁，某公司营销部经理，以性生活过程中阴茎突然"疲软"3个月前来就诊。夫妻感情融洽。近3个月夫妻性生活时经常出现阴茎中途疲软，性生活开始时阴茎勃起硬度、插入均正常，但在进行过程中出现阴茎疲软，有时不射精，近半个月感觉阴茎勃起硬度也有所下降。经了解，刘某结婚2年余，夫妻两地分居，半年前才调到一起生活，性生活频繁；刘某应酬又多，每天至少喝1次酒（约250毫升）、抽1包烟。经过相关检查没有发现器质性病变。嘱患者节制房事，戒烟限酒，坚持锻炼，同时给予中西医结合治疗，调治2个月痊愈。

在临床上时而会遇到这种情况，其常见原因主要有以下几个方面：

（1）精神心理因素：男方紧张、恐惧、焦虑等，或女方不配合，或女方某些言语或动作对男方造成负面影响，从而导致阴茎中途疲软。

（2）纵欲或手淫过度：过度的刺激，常常引起性中枢的疲劳，易发生阴茎中途疲软。

（3）不良生活习惯的影响：长期抽烟、喝酒、熬夜、久坐、生活无规律、工作压力大、睡眠不足等，均可对阴茎勃起造成不良影响。

（4）某些药物的影响：如舍曲林、氯米帕明、地西泮、阿普唑仑等，长时间、大剂量服用可以引起阴茎勃起功能障碍。

如果男性出现以上情况，首先要从自身或配偶找原因，调整心情，要以一个自信、乐观的心态面对问题；积极与配偶沟通，培养亲密融洽的夫妻关系；改变不良生活习惯，保证充足睡眠；加强营养，适度锻炼等。必要时找专科医生积极治疗。

45 为什么性生活后会出现血尿

在临床上经常会遇到性生活后出现血尿的患者，这种情况多与后尿道炎、膀胱炎或精囊炎有关，个别患者是因后尿道血管畸形或息肉所引起的。我们知道，性生活时，尿道黏膜尤其是后尿道或者是射精管的黏膜会出现一定程度的充血。如果患者已有后尿道炎等疾病，性生活时就会使炎症加重，或小血管破裂，或损伤息肉，就会出现性生活后血尿。

> 有一次在男科疑难病会诊时，孙医生曾会诊过一位32岁的男性患者，其性生活后出现血尿8年，看了近20名医生，用了不少中西医疗法，均没有明显效果。最后尿道镜检查提示：后尿道血管畸形。经手术治疗而愈。

对于性生活后出现血尿的情况，首先还是建议患者进行必要的检查，只有明确病因进行针对性治疗，才能取得较好效果。当然，为了预防该情况的出现，平时要养成多喝水、不憋尿、少食辛辣，性生活前排空小便的好习惯。

46 为什么射精量会突然减少

2年前，孙医生曾诊治过一位23岁的男性患者，已结婚2年，以射精量减少3个月前来就诊。经询问病史，了解到患者婚前手淫过度，每周3～4次，有时一夜数次，这种情况持续近2年。婚后性生活又过于频繁，近3个月感到射精量明显减少，同时伴有腰膝酸软，头晕乏力及射精无力。经直肠超声前列腺、精囊检查，未见明显异常。该患者射精量减少主要是手淫过度和纵欲，导致肾精亏虚，用补肾生精的中药调治，辅以食疗，加强营养，注意锻炼，节制性生活，调理3个月恢复正常。

王某，男，31岁，结婚3年，未避孕2年未育，妻子陪同就诊。精液分析（禁欲5天）提示射精量0.8毫升/次，精子活动力12%，精子浓度1.4×10^8/升，pH 6.5。据其妻子讲述，每次性生活丈夫的射精量都非常少。检查发现：双侧睾丸体积约20毫升，质韧；双侧精索静脉未见明显曲张；双侧输精管触及不清。经直肠精囊超声检查提示双侧精囊发育不良，又经精囊磁共振检查再次确认精囊发育不良。

判断射精量是否处于正常范围，除要参考患者的感觉外，最重要的是看数据。正常男性射精量为2～6毫升/次，平均3.5毫升/次。一般来说，当1份精液少于2毫升（要禁欲3～7天手淫取精），就属于精液量过少了。导致射精量减少的原因，一般来说主要有以下几点。

☺ 手淫过度或房事过频，导致肾精亏虚，而出现精液量减少。

☺ 先天性输精管或精囊发育不全，精囊液分泌严重不足，因精液绝大部分是精囊液，故出现精液量减少，如王某。

☺ 性腺功能减退和内分泌紊乱，导致精囊液和前列腺液分泌不足，从而引起精液量减少。

♡ 生殖系统感染，特别是附属腺的感染，导致腺体分泌功能下降，最常见的是慢性精囊炎、前列腺炎；若患前列腺结核或精囊结核，甚至无精液排出。或因炎症引起射精管阻塞而出现精液量减少。

♡ 精囊的肿瘤或囊肿、尿道狭窄、尿道憩室或生殖道手术引起输精管道损伤等。如果男性朋友从有性生活开始就发现精液量较少，或逐渐变少，或突然减少，应及时到医院就诊。

 47 体位的变化可以提高性生活质量吗

性生活过程中体位的变化对性生活质量会有影响吗？据统计，大多数夫妻都是采取男上女下体位，除了这个，还有女上男下、后位、侧位等。从各种研究来看，体位的变化对性生活质量还是有一定影响的。

性生活的体位需要夫妻双方在性生活的过程当中进行交流，不断探索，发现如何更加和谐和快乐。

一成不变的公式化体位，久而久之会让双方对此失去激情，产生厌倦。体位时而变化，对增强性乐趣，提高性生活质量，增进夫妻感情具有重要作用。但体位的选择要遵守以下原则：①双方自愿原则。②不管采取什么体位，这个体位能为双方带来更好的性生活体验，身心更加愉悦。③如果某种体位对身体有伤害，则不能采取这个体位。

（1）男上女下：这是一种最为传统的体位，现在仍是人们性生活中最常采用的体位。它虽然不是最能令人兴奋的种类，但如果动作准确，不仅能使夫妻双方享受到性爱的美妙，还能燃起夫妻双方全部的激情。

（2）女上男下：是指女性位于男性的上方，大多数女性都喜爱这种体位，因为采用这种姿势，她们就可以掌控全局而且能保持较深的插入。男性们也喜欢这种体位，因为他们几乎什么都不用做。这种体位对早泄患者具有一定帮助。

（3）后位：这是"从后方进入的性爱方式"，这种体位给予男性对进入与冲刺的控制权，能使他们更为深入。女性喜欢这种体位的原因却在于它经常能刺激到性敏感点，而且男性也更容易接近她们的乳房、臀部和阴蒂。这种体位有的女性会感到疼痛，因为插入过深也就意味着阴茎有时会触到子宫颈而产生疼痛。

 什么时间段最适合夫妻性生活

夫妻性生活不仅是正常生理需求，还是维系夫妻感情的重要纽带。时间上的合理安排，对保证较高的性生活质量非常重要。通常情况下，大多数人都会选择晚上进行性生活，但也有人觉得早上的时候精力更旺盛。那么，什么时间最合适？现提供3个可供参考的时间段。

（1）早上6～8点：研究表明，早上6～8点是理想的性生活时间。经过一夜的充分休息后，夫妻双方的体力和精力都较为充沛，而且此时人体的激素浓度达到顶峰，性欲强，可以让人短时间内进入状态，同时能让双方都得到较大的满足感。愉悦的晨间锻炼也能让人在早晨更有活力，带来好心情，有利于更好地投入到一天的工作和生活中。

（2）晚上10点：研究表明，女性在晚上10点左右大脑细胞非常活跃，善于幻想，而幻想的内容多与性生活有关。静谧的夜晚给人无限的遐想，也能让双方全身心地投入。一天的忙碌结束后，人们睡觉前往往有充足的时间，双方可以充分交流，渐入佳境。而在消耗大量的体力后，可以立即进入比较好的睡眠状态，经过一夜的休息后也不会影响第二天的工作和学习。

（3）下午3点：除早上和晚上以外，其实还有一个很多人意想不到的黄金时间。研究表明，下午3点是比较适合夫妻性生活的。下午3点时，夫妻的性欲都是较强的。女性的激素和皮质醇水平在此时达到最高，身体会更加敏感，而同一时间，男人也会分泌较高的性激素，也有利于双方的情感交流。不过，这个点虽好，对绝大多数上班族来说，也许只有在节假日可以考虑尝试。

实际上，夫妻性生活的时间没有硬性规定，只要两情相悦，情到深处，双方喜欢，不影响生活、工作，这就是最好的、最适合自己性生活的"黄金时间"。

夜间经常出现阴茎勃起疼痛是怎么回事

河南省男科疑难病会诊中心自 2009 年 10 月到 2022 年 5 月底，共会诊夜间出现阴茎勃起疼痛而影响睡眠的患者 8 人，年龄最小的 21 岁，最大的 75 岁，病程最短半年，最长 15 年。75 岁这位老者，出现夜间阴茎异常勃起约 12 年，几乎每次阴茎勃起都引起阴茎疼痛且影响睡眠，有时盆腔区域也疼痛。查前列腺特异性抗原（PSA）、性激素六项及游离睾酮都正常；查腰椎、肾上腺磁共振均未见明显异常。曾服用非那雄胺以及舍曲林、氯米帕明等，开始服用时有效，之后就没有效果了。

由于该病让患者十分痛苦，但多又查而无因，因而有人把它称为男人夜间的"怪病"，医学上称为睡眠相关勃起。其特点是男性在睡眠时出现阴茎勃起，并感受到勃起胀痛不适，导致睡眠中断醒来，下床活动或排尿后阴茎即疲软，胀痛减轻或消失方可再次入睡，随着睡眠周期（慢波睡眠、快速眼动睡眠）的切换反复发作，每晚可单次或数次发作，多伴有焦虑、易怒或抑郁等不良情绪，而性生活及手淫时无阴茎勃起疼痛。本病好发于青中年患者，20 ～ 40 岁为高发年龄段，与快速眼动睡眠密切有关，部分患者有阴茎勃起功能障碍。病情严重者可伴有顽固性尿急、尿频等症状；夜间阴茎勃起疼痛时，勃起的硬度多为Ⅲ～Ⅳ级。该病是阴茎异常勃起的一种特殊类型。目前病因尚不明确，建议中西医综合治疗。

女性性功能障碍与性健康

 什么是女性性功能障碍？常见的有哪几种

性是人们生活的一部分，但说起性功能障碍，大家都会觉得性功能障碍是男性的事，其实，女性也会有性功能障碍，而且还很普遍。

女性性功能障碍是指由于缺乏正确的性知识及某些心理因素引起的性欲低下、阴道痉挛、性欲亢进、性厌恶及性唤起障碍等。

女性性功能障碍常见的有性欲障碍、性唤起障碍、性高潮障碍、性交痛障碍四种。

 女性性功能障碍的常见原因有哪些

（1）心理因素：长期接受保守或错误的性教育，认为享受性生活是男性的事，女性只能被动接受性生活，主动追求性生活便是放荡、轻浮的表现。在儿童期或青春期遭遇到的任何不良性创伤经历都会在她们的脑海留下消极的记忆，进而发展为对性生活的反感、害怕，甚至厌恶。

（2）夫妻性生活不和谐：夫妻间缺乏沟通和交流，每次性生活都遵循相同的程序，性技巧缺乏新意，姿势单调，造成性生活缺乏新鲜感和吸引力。这样的性生活对于妻子来说，就可能成为一种不得已的义务，她对性生活的兴趣自然就会下降。夫妻间感情不和，除了性生活，似乎没有任何共同语言，甚至给唯一的性生活还附加了某些条件。这样的性生活不是建立在平等关系之上的，夫妻双方怀着不同的心态进行性生活，就不可能全身心投入，出现性生活不和谐在所难免。不和谐的性生活会使人降低对性的兴趣，甚至产生反感，以致出现性功能障碍。

（3）身体功能状态：工作过于劳累、精神压力过大、家庭负担沉重等都会影响性欲，导致对性生活缺乏兴趣；又或更年期后，卵巢功能减退，性激素分泌减少，也会导致性功能障碍。

（4）疾病和药物作用：许多身体疾病，如糖尿病、甲状腺功能减退、垂体功能减退等会使体质虚弱、内分泌失调，导致性欲下降；患病后服用的某些药物，如降血压药、镇静药等也会诱发本病。

 为什么女性会性欲低下

女性性欲低下是指持续或反复存在的性兴趣降低甚至丧失，性欲虽减退，但并不排斥性的唤起或快感，只是对性生活的欲望发生了障碍，致使性生活不易启动。有学者将性欲低下分为4级：Ⅰ级为性欲较正常情况减退，但仍然可以接受配偶性要求。Ⅱ级为性欲原本正常，但在某一阶段或特定环境下才出现减退。Ⅲ级为性欲一贯低下，每月性生活不足2次，或虽然超过这一标准，却是在配偶的压力之下被动服从的，实属无奈。Ⅳ级为性欲一贯低下，中断性生活达半年之久。常见原因有以下几点。

（1）婚姻冲突：对配偶期望过高，婚后发现现实中的丈夫与婚前自己理想中的配偶相差甚远，导致夫妻关系紧张或恶化。或夫妻双方交流不畅，特别是就性需求、性感受的交流不够，缺乏共同兴趣和彼此间的信任。心理因素对性欲有着至关重要的影响，对女性来说尤其如此。女性如果感受不到伴侣的关心，久而久之就会出现性欲低下。

（2）生活方式和环境的影响：紧张且充满压力的工作环境、长时间伏案工作、熬夜、家庭居住条件太差、夫妻工作时间冲突、两地分居等，都会对女性的性欲造成一定程度的影响。

（3）心理因素：有被强奸、性骚扰等经历的女性都可能对性产生厌恶；恋爱或婚姻失败后认为自己被欺骗，形成对男性的抵触心理；对青春发育期出现的身体形态的某些变化不能正确认识，害怕被人知晓或议论而产生自卑感；生孩子后体态发生变化，自以为失去对异性的吸引力，或将对丈夫的注意力过多转移到孩子身上，或因家务烦琐而失去往日的性爱热情；某些女性存在自身阴部不洁感，怕传染配偶。患者自身的心理冲突往往可以反映到夫妻性生活之中，如对性功能的过分焦虑或对不能满足丈夫性要求的内疚感。

（4）缺乏性技巧：千篇一律、方式单调、缺乏新鲜感的性生活方式，使性生活成了索然无味的例行公事，有的人甚至连时刻表都提前安排好。性生活缺乏了新鲜感、神秘感，人就没有了激情；性生活缺乏了吸引力，没有了乐趣，琴瑟难谐，最终导致性欲低下。

（5）年龄因素：年龄是影响性功能的刚性因素。随着年龄的增长，性功能也有一个正常的衰退过程。人在青春期时性欲最强，随着年龄的增长，性欲会有所下降，到了更年期后，性功能衰退明显，性欲显著降低。

（6）某些药物影响：如某些降血压药、镇静药、抗精神病药及口服避孕药等都会对性欲造成一定的影响。尤其是避孕药，作为一种性激素类药物，它破坏了人体正常激素平衡，干扰了雄激素和雌激素的正常分泌。

（7）某些疾病影响：譬如生殖器官局部的器质性病变，如先天性阴道狭窄，外阴或阴道等各种炎症，造成性交痛；或外阴湿疹、外阴创伤（外阴擦伤或血肿）、外阴溃疡，或某些全身性疾病等都会影响性生活质量，长此以往，必然影响性欲。

（8）其他因素：手术创伤，如子宫颈癌、卵巢癌、阴道壁修补术等，术后阴道的缩短、瘢痕的刺激均可影响性生活质量；此外，担心怀孕或感染性病等因素都会导致其回避性接触。

 女性患有糖尿病会引起性欲低下吗

糖尿病对于身体的伤害是全方位的，其中性欲低下也是糖尿病患者常见的健康问题。那么为什么糖尿病患者会性欲低下呢？其可能的原因有以下几个方面。

（1）血管病变：糖尿病可引起大血管和微小动脉粥样硬化，从而导致局部缺血。有研究观察阴道壁血容量，结果发现糖尿病女性阴道黏膜下血管充血减少，由此推测其可能是导致性刺激时不能达到性唤起的原因之一。

（2）神经病变：是糖尿病的一个严重并发症。糖尿病可损害躯体感觉神经和自主神经系统，从而导致痛觉、温觉、触觉功能障碍。根据女性的特殊生理结构，女性生殖系统中含有大量的神经，这些神经可能受到神经病变的影响，导致阴道、阴蒂对性刺激敏感性降低，从而引起性唤起、性高潮障碍。

（3）内分泌紊乱：正常的内分泌环境对维持女性性欲、性唤起、性高潮等具有重要作用。糖尿病可以降低由芳香酶催化的雄激素向雌激素的转化，而雌激素可以维持女性生殖器官的正常结构和功能，长期雌激素缺乏，对于女性性欲的影响可想而知。

由上可知，对于糖尿病患者来说，积极采取措施控制病情，延缓病程发展，以及已发生糖尿病神经病变的患者主动采取相应的治疗，可以防治性欲低下的发生。

 什么是女性性唤起障碍

女性性唤起障碍，也称生殖器反应丧失。正常人在一定强度、一定持续时间的性刺激下，便能激发性兴奋，诱发性冲动，但性刺激的强度和时间因人而异，差异很大。一般来说青年人性兴奋较易激发，而老年人则较难唤起性兴奋。

性唤起障碍患者一般具有以下特征：

☼ 在足够强度和持续足够时间的性刺激下，性兴奋仍不能被激发，引起性冲动。

☼ 在整个性生活过程中，从激发性冲动开始，直至性生活完全结束，仍然部分或完全没有达到性兴奋的程度。

☼ 没有性兴奋时所具有的阴道润滑、生殖器官充血肿胀等性兴奋的生理反应和心理上的欣快感、愉悦感。

需要注意的是，女性性唤起障碍常和其他性功能障碍同时存在，如性欲低下、性冷淡、性厌恶等。为了便于临床诊疗，有学者将其分为4级。

Ⅰ级：女性在性生活中有时在某些特定环境下出现阴道润滑不足或反应

较慢。也有学者将其定义为境遇性性唤起障碍。

Ⅱ级：女性经常出现阴道润滑不足或反应较慢的情况，对性生活造成一定影响。

Ⅲ级：阴道润滑不足或反应很慢，导致焦虑、不安或不适。

Ⅳ级：阴道严重润滑不足或几乎没有润滑反应，导致性生活困难，也令本人或对方极大不满。

 哪些原因可引起女性性唤起障碍

女性性唤起的生理反应依赖于血管和神经系统的完整性，也就是说这两个系统功能必须正常，任何因素导致这两个系统的损伤都会造成性唤起困难。其原因主要有以下两个方面。

（1）心理因素：女性性唤起的关键是心理上的愉悦和局部的生理反应，即生殖器官充血肿胀，包括阴道周围组织、阴唇，以及同时伴有阴道分泌物增多，阴道润滑。当女性对性生活紧张、恐惧、焦虑或厌恶时，必然会导致性唤起障碍。

（2）器质性因素：如糖尿病和多发性硬化的外周神经损伤可以影响性唤起进程；某些妇科疾病，如子宫内膜异位症、更年期综合征、肿瘤术后等，可以导致阴道润滑不足，性交困难等；激素水平下降特别是雌激素水平减少，会使阴道干涩，有可能导致性交痛。这种变化在哺乳期、更年期或卵巢切除术后较为突出。

 出现性唤起障碍怎么办

（1）了解程度的轻重：了解患者是从未有过性唤起反应，还是近期才出现或偶发。一般来说继发性性唤起障碍预后较好，原发性性唤起障碍治疗难度较大。

（2）询问性发育等情况：尤其对原发性性唤起障碍的年轻女性，应详细了解夫妻感情状况、性发育、性观念以及性经历等多方面的情况，这对治疗措施的制定非常重要。

（3）查找病因：环境因素，心理因素，患者生活、工作等方面的压力，曾经的性创伤，某些疾病的影响，哺乳期、更年期或卵巢切除术后等，均可引起该病的发生，查出原因针对性治疗才能获得满意效果。

（4）其他方面：对阴道明显润滑不足、干涩者，可以辅以外用润滑剂，但一定要使用正规厂家生产的、质量有保证的非油脂性外用润滑剂。必要时到医院找专科医生治疗。

 什么是女性的性高潮障碍

为正确认识这一问题，首先要清楚什么是女性的性高潮。一般而言，女性的性高潮来临时，女性的阴道和肛门括约肌会有节律地收缩，子宫也会发生收缩和提升。有时还会出现全身痉挛、发出声音、出汗及短暂的神志迷惘等生理反应，心率和呼吸加快，血压升高等。这种性高潮状态往往只持续数秒。在这短短数秒内，通过强烈的肌肉痉挛，逐渐积累的性紧张迅速释放，心理上得到极大的愉悦和满足感，这种感觉女性有时也难以描述。

而女性的性高潮障碍是指有足够强度的性刺激，已唤起性欲望，并出现正常性兴奋期反应（如外生殖器官肿胀和阴道充分润滑），但仍然延迟及不能引起性高潮的一种性功能障碍。它是一种独立的综合征，与性欲障碍或性唤起困难是不同的。

 哪些因素可以引起女性的性高潮障碍

（1）心理因素：不良心理因素可以导致女性的性高潮抑制，如女性经历过性创伤往往容易使其对性产生恐惧，有些女性担心性交痛，害怕妊娠和流产，或认为自己年龄大了有些不好意思。情感因素及心理疾病（如精神抑郁、焦虑及强迫症等）均可引起性高潮障碍。夫妻感情不融洽，夫妻间存在负面情绪，相互间缺乏吸引力。或精神过度紧张，工作、生活压力大，受到惊吓、烦恼、忧伤，或者自认容貌平庸、形象不佳、才疏学浅而产生自卑情绪，有意回避性接触。有些女性因身体原因，担心自己不能满足丈夫的性要求而存在焦虑心理等，这些均可引起该病的发生。

（2）社会环境因素：女性的性知识教育往往有些片面和缺乏科学依据，在少年时期如给予否定性生活的文化教育，会使很多女性对性产生误解，或对性行为产生偏见。尤其是在我国，女性长期受封建社会的男尊女卑思想的影响，使许多女性在婚后性生活中仍有意克制自己，表现出羞怯、被动，故而影响性高潮的出现。

（3）外界环境因素：如住房拥挤、家庭环境缺乏隐私、怕被小孩或外人看见、房间隔音效果差等。紧张而充满压力的工作环境、人际关系不和谐、工作不顺利、经济困难等，都可能造成女性在性生活中难以充分地投入，甚至无法获得性高潮。

（4）疾病因素：患有某些精神疾病，如抑郁症、焦虑症及精神分裂症等，均可引起性高潮障碍。其他生殖泌尿系统的疾病，如外阴、阴道、子宫及子宫附件、膀胱、尿道的疾病以及盆腔炎、肿瘤等，性交时会引起疼痛和不适，因而也就抑制了性高潮的出现。全身其他系统的疾病，如糖尿病、甲状腺疾病等，也会不同程度地抑制和干扰性反应，破坏性高潮的获得。

（5）药物因素：抗精神病药、镇静药等，对性高潮的获得均有不同程度的影响。

10 出现女性性功能障碍怎么办

（1）查找病因：夫妻是否恩爱，家庭是否和谐，住宿条件是否较差，健康状况是否不佳，压力是否太大，是否常有烦恼、忧愁、恐惧和焦虑之心理，是否有非常痛苦的性经历，是否有某些药物的影响等，以便针对原因采取相应的调理措施，必要时看专科医生。

（2）调整心态：要保持乐观开朗和愉快的心情，对待任何事情要做到拿得起、放得下、想得开。要有自信，不要因为自己变胖或变老等而产生自卑心理，总担心不能吸引对方，不能让对方满意等，要克服进行性生活时的恐惧、焦虑感。要知道，让对方"倾心"的不只是外表，还有你的谈吐、气质、综合素养等。时而与"夫君"搞些浪漫，让婚姻经常处于"保鲜期"，让夫妻二人世界时时有神秘感。

（3）适度锻炼：如游泳，打乒乓球、羽毛球，跑步等，可以增强体质，从而提高性功能。美国心理学家对 2 000 名女性进行"锻炼与性欲"调查，发现 86% 的女性每周至少参加 3 次自己喜欢的体育锻炼（游泳、跑步等），其中 40% 的女性认为锻炼有利于性唤起，21% 的女性认为性欲明显增强，有 25% 的女性易达到性乐趣。美国哈佛大学的专家研究认为，女性游泳爱好者四五十岁时的性欲和二三十岁时一样活跃，她们中有 90% 的人能享受到高质量的性乐趣，而不运动者则只有 60% 能达到。同时锻炼还可以愉悦性情，调节抑郁、焦虑心情，因为研究表明运动可以让大脑分泌更多的多巴胺。多巴胺作为一种神经递质，与人的行为动机、认知密切相关。多巴胺水平的增加，可以让人更加快乐幸福。

（4）加强营养：要注意营养均衡。可以根据自己的体质，在医生指导下配合食疗。

11 什么是性交痛? 引起的原因有哪些

性交痛是指性生活时不但没有感到愉悦，反而出现不适，甚至疼痛。疼痛的部位有时仅在外阴部，有时在阴道内部，还有在腹部、腰部、背部。性交痛可以在性交时发生，也可以在性交后出现，甚至一直持续到性交后几小时或几天。一旦发生了这种情况，不能及时纠正和治愈的话，不仅干扰夫妻间的正常性生活，而且还会影响到彼此的感情。正常情况下，和谐的性生活是不会引起疼痛的。而性交痛的存在对女性的健康、生活质量、自尊心和工作都会造成较大的负面影响。常见原因主要有以下几种。

（1）心理因素：缺乏基本的性知识，初次性生活或对性生活产生恐惧或焦虑情绪，这种情绪会导致阴道肌肉不自主收缩，引起性交痛。

（2）伴侣因素：缺乏前戏，或与性伴侣沟通不畅、对性生活的欲望不一致或冲突（如言语冲突、身体冲突或性虐待）引起关系不和，可能导致性交痛。

（3）内分泌因素：更年期女性因雌激素水平分泌不足，阴道分泌物减少，润滑不足，致使阴道干涩，性生活时引起性交痛。

（4）疾病的影响：①盆腔炎性疾病（盆腔炎）及阴道炎，引起外阴、阴道、盆腔组织的局部炎症和水肿，性生活时浅表生殖器官疼痛。除了性交痛，可伴有阴道灼热、充血、分泌物增多、白带异味、下腹部压痛、反跳痛等表现。②子宫脱垂可引起性交痛，同时可伴有排尿困难、大便和小便失禁、便秘、阴道出血等症状。③子宫内膜异位症。常见于深部浸润型子宫内膜异位症，尤其是直肠子宫陷凹有异位灶或因局部粘连使子宫后倾固定，性交时碰撞可引起疼痛，月经来潮前性交痛最明显。④子宫平滑肌瘤多表现为月经改变、腹部包块等，但部分特殊位置的肌瘤可以成为性交痛的原因，特别是子宫后壁的肌瘤，在性交时碰撞可引起疼痛。

（5）性传播疾病：患有生殖器疱疹、尖锐湿疣，尤其位置在阴道内的生殖器疱疹或尖锐湿疣的女性在性交时可有灼热和疼痛。通过询问病史和相关检查可明确诊断。

（6）手术因素：会阴侧切缝合术、会阴裂伤修补术、子宫切除术、盆腔结构修复术的女性在性生活时，可能因触及伤口而出现性交痛。

常见性病与性健康

 什么是性病？常见的性病有哪些

性病是性传播疾病的简称，以性接触为主要传播方式。性病对人体健康的危害性大，传染性强，并能引起各种并发症和后遗症，如不孕、异位妊娠、流产等。常见的性病有梅毒、淋病、软下疳、腹股沟肉芽肿、性病性淋巴肉芽肿、艾滋病、生殖器疱疹、尖锐湿疣、真菌性阴道炎、非淋菌性尿道炎、滴虫性阴道炎、疥疮、阴虱等。

 性病的传染途径有哪些

（1）性行为传播：是最主要的传染途径，尤其是多性伴侣、经常变换性伴侣、嫖娼、卖淫等行为，更容易传染上性病。

（2）间接接触传播：如接触带有病原体患者的分泌物，或接触被病原体污染的衣物、用具、便器、浴盆等，也可造成传染，但这种情况并不常见。

（3）血液传播：如果输入艾滋病患者或艾滋病病毒感染者的血液、血液制品，或使用其使用过的未经彻底消毒的医疗器械，或共用注射器吸毒，都可造成传染。其他性病如早期梅毒患者的血中有病原体，在输入其血液后也可能会被感染。

（4）垂直传播（母婴传播）：某些性病，如梅毒、淋病、生殖器疱疹等通过母体卵巢、子宫或胎盘、初乳等传给子代的过程。

性病的传染源有哪些

（1）患者：性病患者是性传播疾病的主要传染源，主要是因为性病患者的生殖器官上或体液里有大量的病原体。

（2）病原携带者：分为无症状病原携带者、潜伏期病原携带者、病后病原携带者。以女性更为多见，原因是女性阴道内有多种分泌液，调节阴道内酸碱度。阴道内存在多种细菌，这些细菌可以抑制某些病原微生物，所以女性感染性病后大多症状轻微，易被患者忽视。

 梅毒有哪些临床表现？如何诊断

梅毒是由梅毒螺旋体引起的一种全身性慢性性传播疾病。早期主要侵犯生殖器官和皮肤，晚期可侵犯全身各器官，有多种多样的症状和体征，病变几乎能累及全身各个脏器。梅毒主要通过性行为传播，也可以由母亲传染给胎儿，出现死产、早产或先天性梅毒，危及下一代。极少数患者通过接吻、哺乳、接触患者的日常用品而传染。

根据传染途径不同，可分为获得梅毒（后天性梅毒）和胎传梅毒（先天性梅毒）。根据发病过程，可分为一期梅毒、二期梅毒、三期梅毒。一期梅毒为硬下疳期，二期梅毒为发疹期。一期梅毒、二期梅毒合称早期梅毒，传染性强；三期梅毒为晚期梅毒，传染性弱。

（1）一期梅毒：主要表现为硬下疳和腹股沟淋巴结肿大。硬下疳大部分发生在生殖器官，触摸有软骨样硬度。

（2）二期梅毒：主要表现为皮肤、黏膜发生皮疹，皮疹广泛而且对称，形状多种多样。可出现梅毒性脱发等损害。

（3）三期梅毒：皮肤黏膜损害主要有结节性梅毒疹、树胶样肿（梅毒瘤）。可侵犯心血管系统、神经系统等全身多个系统和脏器。

梅毒的诊断要综合考虑几个方面：①有无高危性行为或输血史等，如病史是否有非婚性接触史，以往的输血、生育和治疗的情况。②体检是否有梅毒的各种临床表现。③实验室诊断。暗视野显微镜检查及梅毒血清学试验，其中快速血浆反应素试验（RPR）和梅毒螺旋体血凝试验（TPHA）是目前常用的梅毒血清学试验，前者一般用作筛查试验，后者一般用作证实试验或确诊试验。

先天性梅毒的诊断：由于新生儿可携带从母亲体内获得的梅毒抗体，所以感染梅毒的产妇所生新生儿梅毒血清学试验会是阳性，但如果低于母亲快速血浆反应素试验滴度，也没有临床症状，不能立即诊断为先天性梅毒，需要随访观察。一般新生儿携带的母体抗体可在出生后 6～12 个月被分解代谢导致检测不到。因此，可以通过连续随访观察 12 个月，判断婴儿是否感染梅毒。如在 6 个月左右快速血浆反应素试验滴度下降或阴转，则可排除先天性梅毒。

 有高危性行为后多长时间才能判定是否得了**梅毒**

> 几年前某省级医院的一位医生遇到了这样一起医疗纠纷。患者席某的妻子在一次健康体检中被查出患有梅毒，当时妻子非常震惊，因为她是一个大学教授，平常很注意卫生，夫妻恩爱，自己绝没有婚外性生活。思前想后还是怀疑丈夫有过婚外性生活，当妻子把自己患有梅毒的事告诉丈夫，并建议他尽快去医院检查时，席某心里很纠结，因为自己在半年前的确有过一次不洁性生活，但第二天就去医院检查了，一切都正常，且到现在也没有任何症状。但又一想，妻子非常贤惠，把全身心都投入到了工作和照顾孩子上，"红杏出墙"的可能性不大。最后席某去那家医院找到了曾给他检查的医生，又做了相关检查，梅毒螺旋体血凝试验（TPHA）结果是阳性，确诊为梅毒。当时席某就按捺不住怒火，立马与医生争吵，并认为是医生误诊把他耽搁了。

是不是误诊了，医生是否有责任，您看完下面的介绍后就可得出自己的判断了。大家首先要明白，梅毒患者绝大多数都有不洁性生活史，但有不洁性生活史的不一定会感染上梅毒。其次，感染上梅毒病原体后并不会马上出现不适症状和其他异常表现，梅毒螺旋体在人体内有一定的潜伏期，最早可在 10 天左右、最晚可在 90 天左右出现症状。如果感染梅毒螺旋体的数量多或者患者体质弱，则发病时间（潜伏期）就短；反之，如果感染梅毒螺旋体的数量少，或者患者体质好，则发病时间（潜伏期）就长。而且可能一部分感染梅毒的患者，不表现出一期梅毒症状，而是几个月甚至更长时间后出现二期梅毒的症状；还有极少数患者，不出现二期梅毒症状，多年以后出现三期梅毒症状。

有朋友会问，没有出现症状之前，通过实验室检查能否知道是否得了梅毒？当然可以。一般在有不洁性生活后 2 周（当然也有潜伏期更长一些的患者），患者的血液中就会产生梅毒抗体，通过有关的梅毒血清学试验就可判断是否感染了梅毒。

之所以会出现席某的这种情况，可能是医生当时患者较多，没有详细询问患者的病史和告知患者 2 周后再来复查，没有尽到告知义务；作为患者，席某也许是体质比较好，几个月过去了仍然没有出现任何症状，也放松了警惕性，结果传染给了妻子。

 梅毒能否根治

梅毒能否治愈？这主要看梅毒的病期早晚或严重程度。一般来说，早期梅毒经过充分的治疗，硬下疳是可以根治的，二期梅毒的皮疹也可以完全消失。二期梅毒其他部位的损害多数也可以治愈，并且没有传染性，但少数可能会复发。晚期梅毒的损害多数是不能治愈的，少数人也只能是控制病情，多数严重者症状难以改善。

早期梅毒患者经充分治疗后，应注意定期复查，复查的时间应为 2～3 年。复查的方法是，第一年，每 3 个月复查 1 次，主要复查症状、体征和快速血浆反应素试验，以后每半年复查 1 次。如有复发应加倍复治。复治后也需观察 2～3 年，目的是预防复发。如患神经梅毒或心血管梅毒，应终生复查。妊娠期梅毒治疗后，在分娩前应每月检查 1 次梅毒血清学试验，分娩后按一般梅毒患者进行复查，如无复发即可终止复查。

梅毒患者的性伴侣也应尽快到医院检查，抽血化验，如确诊为梅毒应及时治疗。早期梅毒在治疗期间应禁止性生活至少 3 个月。

 什么是淋病

所谓淋病，就是一种被称为淋病奈瑟球菌（即淋球菌）的致病微生物所引起的，以泌尿和生殖系统化脓性感染为主要表现的性传播疾病。临床上有急性淋病和慢性淋病之分。急性淋病，其潜伏期一般为 2～7 天，也就是从被感染的那天算起，最快 2 天就会有临床表现。若急性淋病没有及时治疗，或误治，或治疗不彻底，就会转为慢性淋病。男性可并发附睾炎、前列腺炎，甚至出现尿道狭窄，排尿困难。女性可并发淋病性阴道炎、尿道炎、宫颈炎等。慢性淋病常反复发作，不易根治。

本病的判断主要根据接触史（如有婚外性行为、性伴侣感染史，或接触、使用了被淋病患者污染的物品）、临床表现和实验室检查。实验室检查取尿道脓性分泌物涂片可查到病菌。急性淋病只要在早期及时、科学地治疗，都会治愈。否则易转为慢性淋病，就较难治愈了。

 淋病和非淋菌性尿道炎有何区别

非淋菌性尿道炎是由淋球菌以外的其他病原体所引起的尿道炎，其中因支原体或沙眼衣原体引起者较为常见，也是一种常见的性传播疾病。根据笔者近 5 年的门诊病例分析，非淋菌性尿道炎的发病率已远远超过淋病。二者的区别主要有以下几方面。

（1）潜伏期不同：淋病感染者最短 2 天就会有临床表现，一般不会超过 7 天。而非淋菌性尿道炎最快也要到 7 天以后，最长可达 30 天才会有症状。

（2）局部症状不同：急性淋病尿道痛并且伴有脓性分泌物；而非淋菌性尿道炎尿道症状不明显，或尿道灼热，或稍痒，长时间不排尿可有少量分泌物，晨起最明显。

（3）药物敏感性不同：头孢菌素类抗生素对淋病效果最好，而对非淋菌性尿道炎则无效；红霉素、环丙沙星、阿奇霉素等对非淋菌性尿道炎有效。

需要指出的是，这两种传染性疾病可以单独出现，也可在一个患者身上同时发生。根据实验室检查结果统计，近30%的淋病患者同时伴有支原体或衣原体感染。所以在治疗时要依据实验室检查结果统筹兼顾。对于实验室检查结果仅仅是淋病奈瑟球菌感染的患者，如果经过几天的治疗后患者仍有尿道不舒服的感觉，即使支原体、衣原体检查阴性，也可以诊断性治疗，采用四环素类抗生素治疗，如多西环素。因为多数医院检查的都是解脲支原体，除此之外，尚有人型支原体、生殖支原体等未列入检查，感染这些支原体后，也可出现尿道不适或晨起有尿道分泌物等。此外，还有可能出现实验室检查假阴性等。

 男性外生殖器官溃疡就是性病吗

男性外生殖器官溃疡就是性病吗？答案是否定的。引起男性外生殖器官溃疡的原因很多，在性传播疾病中，梅毒、生殖器疱疹等以外生殖器官溃疡为主要表现，根据症状、体征、病史以及相关实验室检查可明确诊断。此外，其他原因也会引起外生殖器官溃疡，如包皮过长、包茎、不注意局部卫生所导致的阴茎头包皮炎，严重者可引起局部溃疡；某些药物过敏导致的溃疡，如对磺胺类药、一些解热镇痛药等过敏所引起的溃疡；男性患白塞综合征（贝赫切特综合征、眼-口-生殖器综合征）；男性外生殖器官毛囊炎等。这些疾病有时单纯从症状上很难与一些性病区分，但是通过详细询问病史，必要时通过相关实验室检查就可明确诊断。

 生殖器疱疹有哪些表现

生殖器疱疹是单纯疱疹病毒（HSV）感染所致的性传播疾病。人是HSV的唯一自然宿主，该病毒分为HSV-1和HSV-2两种，生殖器疱疹90%为HSV-2感染。该病与性生活密切相关，主要发生在腰以下区域，如男性外生殖器官、女性外生殖器官等。特点是簇集状疱疹，好发于皮肤和黏膜，易复发。

生殖器疱疹的潜伏期为7天左右。也就是说患者多在2～7天前有不洁性生活史。该病多因性交时损伤局部黏膜，单纯疱疹病毒乘虚侵入而感染。

生殖器疱疹的临床表现主要是在生殖器官上有一个或多个小的红色疱疹，多伴有瘙痒，丘疹迅速变成小水疱，3～5天后形成脓疱，破溃后糜烂、溃疡、结痂，伴有疼痛，皮损单发或多发，融合一体。

男性患者好发于阴茎头、冠状沟、阴茎、肛门周围及尿道口处；女性患者多见于阴道内或大小阴唇处。部分患者伴有生殖器官以外的病损，主要在口唇、手指、臀部、大腿、手臂等处。

本病一般经过3周左右可以痊愈，但常会反复发作。其复发的原因主要是人体对单纯疱疹病毒不产生永久免疫力，原发感染消退后，病毒潜伏于骶尾神经节内，当机体免疫力低下时，如某些发热性疾病、过度疲劳、情绪波动、感冒等，或者过食辛辣厚味的食物，如饮酒、吃辣椒、吃海鲜等，容易使体内潜伏的病毒被激发而再次发病，出现一系列临床症状。初发皮损较大，症状也较重，复发一般症状较轻。一般复发性生殖器疱疹多在原发病后1～4个月复发，特点是疱疹一般在原处复发，全身症状较轻，病程较短，皮疹10天左右自行消退。有的溃疡面不处理也能自愈。

11 尖锐湿疣有哪些临床表现

尖锐湿疣的皮损开始为散在分布的粟粒或绿豆大小的疣状小丘疹，呈粉红色、白色或污灰色等，表面粗糙、质地柔软。由于局部持续不断地慢性刺激（如摩擦、潮湿），逐渐增多加大，互相融合成表面凹凸不平的单个或多个团块，如乳头状、菜花状或鸡冠状等。也有的为密集的尖刺样疣体，暗红色或红褐色，轻度糜烂，触之易出血，在互相融合的裂隙中常有脓性分泌物溢出。

生殖器官的尖锐湿疣常常无任何症状，既无疼痛也不痛苦。但当尖锐湿疣破溃、糜烂时有瘙痒，因抓挠而引起继发感染，有的患者可有疼痛的感觉或异物感。

12 尖锐湿疣的潜伏期有多长

> 临床上经常遇到有些男性患者有不洁性生活史后，担心自己会得性病，于是来医院检查。尽管他本人没有发现尖锐湿疣，但其配偶尖锐湿疣却长得非常多，病情也较重。还有对丈夫非常忠贞的妻子感觉外阴不舒服，到医院检查发现得了尖锐湿疣，传染源就是其老公，但老公检查却没有异常。出现这些情况，他们很不理解，甚至有的老公还认为是妻子不忠，却没想过自己才是"罪魁祸首"。

尖锐湿疣多见于性活跃的青中年男女。其病原体是人乳头瘤病毒（HPV）。患者被感染后，同其他性病一样，也有一定的潜伏期，其长短因人、因感染病毒的程度不同而不同，一般为 3 周至 8 个月，平均为 3 个月。病毒在局部潜伏可达很长一段时间而不发病，当人体抵抗力下降时，病毒大量繁殖就会发病。笔者曾遇到一个患者，潜伏期竟达 2 年之久。虽然这些患者没有发病，也就是说外表（前阴和肛门周围等）没有长出异物，但这些人也有传染性，同样也是传染源。

需要给大家特别提醒：目前对尖锐湿疣的诊断，主要还是依据发病史、疣体特征和病理学检查，实验室检查只是一个重要的参考依据。

13 尖锐湿疣会癌变吗

尖锐湿疣是否会转化为生殖器官癌症，这是很多尖锐湿疣患者非常关心的问题。对于这一问题，医学专家的答案是肯定的。

研究认为，尖锐湿疣和生殖器官癌症之间有着密切的关联。有报道说，5% ～ 10% 的外阴、宫颈和肛周的尖锐湿疣经过一段时间后，可出现变化，发展为原位癌或浸润癌。研究还发现，15% 的阴茎癌、5% 的女性外阴癌是在尖锐湿疣的基础上发展而来的。经久不愈的尖锐湿疣和巨大型尖锐湿疣发生癌变的概率更高。许多实验研究也表明，人乳头瘤病毒、尖锐湿疣和生殖器官癌症三者之间存在着因果关系。

鉴于此，得了尖锐湿疣以后，一定要到正规医院就诊，找专科大夫诊治，早确诊、早治疗，疗程要足够，并且定期复查，以防复发，复发后要按复发尖锐湿疣的治疗原则进行治疗。千万不可自行用药或听信游医所言，而耽误病情、延误治疗，导致恶变。

14 什么是艾滋病

艾滋病的全名为获得性免疫缺陷综合征（AIDS）。它是由人类免疫缺陷病毒（艾滋病病毒）感染引起的综合征。

从获得性免疫缺陷综合征这一病名中，我们可以了解到艾滋病的几个特点：①获得性，表示它是人出生后获得而不是先天具有的，即不是遗传的。②免疫缺陷，表明感染艾滋病病毒后，人体免疫功能减退，甚至逐渐丧失，而一个人的免疫系统丧失功能，就像一个国家没有军队一样，其后果可想而知。③综合征，表现临床症状、体征很多，会出现全身多个系统的多种症状。

15 有高危性行为后多久才能查出是否感染艾滋病

从感染艾滋病病毒到形成抗体大约45天时间，这个时间称作艾滋病病毒的窗口期。窗口期感染者的各种体液或分泌物中已含有大量艾滋病病毒，具有很强的传染性。在窗口期内，血液中检测不到艾滋病病毒抗体，只有在窗口期之后，也就是感染3个月后才可检测到。因此，接受检测后的阴性者在3个月后要进行复查。

16 接吻、拥抱及共同就餐会传播艾滋病病毒吗

接吻、拥抱及共同就餐一般不会传播艾滋病病毒。对于大多数健康人来说，如果没有艾滋病高危性行为，最为关心的就是日常生活是否会感染艾滋病病毒。调查表明，通常家庭生活或日常社交活动不会感染艾滋病病毒。

国外有资料显示，通过对约 700 个家庭的调查，生活在艾滋病病毒感染者或艾滋病患者的家庭中，虽然有与患者共用毛巾、餐具、卫生间等经历，但却没有一个人感染艾滋病病毒的。

此外在车站、影院、商场、公共交通工具、办公室、教室等场所也不会感染艾滋病病毒。日常生活握手、交谈、拥抱、共餐、同住、共用电话等行为都不会发生感染。我们可以和艾滋病病毒感染者或艾滋病患者正常交往，抛弃歧视、躲避，甚至恐惧心理，关心、善待艾滋病病毒感染者或艾滋病患者。

 如何预防艾滋病

☾ 普及宣传艾滋病的预防知识，加强道德教育，杜绝不良性行为。

☾ 艾滋病患者及艾滋病病毒携带者的血液、分泌物及用过的物品，均应彻底消毒。

☾ 禁止与静脉吸毒者共用注射器、针头。

☾ 严格筛选献血人员，艾滋病病毒抗体阳性者禁止献血。献器官、组织及精液者应做艾滋病病毒检测。

☾ 严格控制血液制品的进口，对血液制品应进行严格的检验。

☾ 艾滋病病毒抗体阳性的育龄妇女禁止妊娠。已分娩的婴儿应进行随访监测，避免母乳喂养。

☾ 保护易感人群。应避免与艾滋病病毒感染者、艾滋病患者及高危人群发生性接触；提倡使用避孕套，避免肛交。

 避孕套能预防性病吗

笔者在门诊，经常会遇到这样的患者，被诊断为性病后还颇为吃惊地反问，不会吧，我有防护措施啊！他们总认为使用了避孕套就能保证不被传染上性病。其实这种认识是错误的。避孕套作为一种物理屏障，虽然可以避免直接接触性伴侣的体液或血液，可以降低各种性病传播的危险性，但绝非百分之百的安全。原因有以下几点。

◎避孕套破裂、滑脱、精液外渗、反复使用或性生活中没有全程使用，都会造成病原体传播。

◎避孕套无法覆盖的皮肤出现擦伤或溃疡，也有可能导致某些性病的传播。

◎口交、肛交或其他传播途径也会导致性病的传播。

◎阴虱等会通过阴毛及会阴部皮肤接触传播。

总之，正确使用避孕套可以减少性病传播的可能性，但不能保证绝对安全，最好的措施还是洁身自好。

19 如何彻底治好性病

绝大多数性病是可以治愈的，但必须遵守一个原则，就是务必诊断明确，尽早规范、科学治疗。切不可认为输液或口服点抗生素，没有症状就万事大吉了，要特别注意以下几点。

(1) 正确就医：要到正规的医疗机构就诊，找专科医生检查，实验室检查确诊后再用药物治疗，不可自行盲目使用抗生素。

(2) 科学诊治：确诊以后要早期、规范、按疗程足量用药，以防止病情加重或产生并发症。并且不同的病情要遵循不同的治疗方案。

(3) 综合治疗：同时患有多种性病，如淋病、非淋菌性尿道炎等，应采用综合治疗方案。

(4) 与性伴侣同检、同治：配偶或者性伴侣要同时进行检查，必要时予以治疗，以免造成传播和交叉感染。

(5) 做到症状消失与实验室检查正常双达标：治疗要坚持临床症状消失、实验室检查阴性的标准，不可症状减轻就停药，以免病情慢性化及并发症的发生。

(6) 定期复查：治疗结束后要定期复查，若未治愈或者复发，要进行血清或分泌物检查，进一步明确病因，以指导下一步治疗。

20 什么是性病恐惧症？哪些人易得这种病

性病恐惧症是一种强迫性恐惧综合征，临床主要表现为没有器质性病变，实验室检查亦正常，但是患者总是怀疑自己患上了性病，或原有的性病一直没有治愈，从而导致精神高度紧张、焦虑、抑郁等精神心理症状。下面几种情况的人易得性病恐惧症。

（1）曾经感染过性病者：性病经过正规治疗后，各项检查均正常，但是唯恐留下后遗症，过度夸大不适感。

（2）曾经有过不洁性行为者：这类人平时比较传统，但在某些特定的场所，做了本不想做的事，之后非常紧张、害怕。虽经医生诊治排除了得性病的可能，但仍心存疑虑，固执地认为自己有性病而四处求医。

（3）与性病患者有过接触：本人从来没有不洁性行为，但与性病患者有过接触，或者是受一些不负责任的江湖游医的影响，加上缺乏医学常识，盲目地把自己身上的一些症状与性病联系到一起，怀疑自己得了性病而惊恐不已。

21 支原体检查阳性就是性病吗

临床上时常遇到妻子在健康体检时，或夫妻双方孕前优生检查时发现支原体培养检查阳性，由于对支原体的致病性认识不足，上网查询的内容基本是同一个观点，即支原体感染就是性病，致使夫妻双方互相猜疑，一时搞得关系紧张，甚至有的闹到了离婚的境地。难道支原体检查阳性就是性病吗？

回答当然是否定的。为了便于大家理解这个问题，我们先详细了解支原体究竟是什么样的一个微生物。支原体是一种比病毒大、比细菌小的原核微生物，其典型特征是没有细胞壁。支原体属有80余种，但与人类有关的支原体主要有肺炎支原体、人型支原体、解脲支原体及生殖支原体。后三种主要引起泌尿生殖道感染。它只能黏附于泌尿生殖道上皮细胞表面，不进入组织和血液。此外，支原体还可以黏附于精子表面，从而影响精子活力等，同时有可能影响优生。目前主要采取培养法检查支原体（包括解脲支原体和人型支原体），有条件者可采取分子诊断。

笔者曾询问过进行优生检查的 260 名精液支原体培养检查结果为阳性者，他们中 98% 的人否认有婚外性生活，99% 的人没有任何尿道不舒服症状。其妻子阴道分泌物支原体培养检查阳性率为 80%，无症状者为 96%。凡是不避孕者，夫妻双方支原体培养检查都为阳性者为 95%。有人曾对 160 名应征入伍的新兵进行尿道取样做支原体培养检查，结果近 30% 的人为阳性，但都没有临床症状。由此可见支原体在正常人的尿道和精液中也可存在，在一定条件下才能发挥致病性，即在人体抵抗力下降时才会出现症状。决不能仅凭支原体检查阳性就说得了性病，一定要详细询问病史，如果患者曾有不洁性生活史等，经相关检查后，应根据结果进行诊断，否则绝对不能说患者得了性病。

滴虫感染，一种被忽视的性传播疾病

刘女士，38 岁，自诉近 3 个月来有些尿频，且阴道伴有灰黄色泡沫样的分泌物。因为这个问题，其身心都受到了严重的影响，类似症状近两年来反复出现，所以刘女士心情郁闷，睡眠质量不佳，精神状态不好。刘女士自觉平时洁身自好，也很注意私处健康，但为什么总是反复发作，这次怎么又中招了呢？来到医院一检查，果不其然，又是滴虫性阴道炎。听完刘女士的诉说，医生询问刘女士，其丈夫是否检查且治疗过，刘女士说自己丈夫没有不适，所以没有检查过，更没有治疗过。听到这里，医生基本清楚刘女士反复发病的原因了，建议让她丈夫检查并治疗，很可能她丈夫就是潜在的感染原。

王女士，28 岁，近 1 个月来外阴瘙痒、灼热，阴道分泌物为明显脓性、泡沫状，并伴有尿痛等症状。刚开始出现症状时，王女士并没有重视，自己买了一些妇科冲洗药物，但使用一段时间后症状

并没有改善，反而越来越重，王女士这才意识到问题的严重性，经人介绍前来医院就诊。医生听完王女士的诉说，又询问了其丈夫的情况，让其做了相关检查，结果显示滴虫性阴道炎合并淋病奈瑟球菌感染，这就是为什么王女士症状这么明显，而且单纯使用妇科冲洗药物效果不佳的原因。

对于滴虫感染，人们不像对真菌感染一样熟悉，滴虫感染也不像细菌性阴道炎一样引人注意。可是滴虫却是阴道炎成因的"铁三角"之一，不可小觑，它是一种微小的单细胞寄生虫。滴虫感染几乎无症状，部分患者感染滴虫后会出现阴道发红。其他的症状包括阴道分泌物，量可能很少，也可能很多，因人而异；滴虫感染也会引起瘙痒和异味。此外，女性在排尿及性交时可能会有轻微的不适。这些症状可能在月经之后更严重，两次月经来潮之间，滴虫会进到阴道，病程会持续 3 ～ 21 天。感染滴虫的种类不同，致病的严重程度也不同。一半以上的女性体内发现有温和的滴虫，没有任何的症状；有 1/3 的被感染女性如果没有治疗，会产生症状，可持续长达 6 个月。滴虫在阴道无氧的环境里生长旺盛，在酸性的环境里也能活得很好，在 pH3.5 ～ 8.0 的环境中滴虫都能生存。滴虫会产生氢，氢氧结合带走阴道里的氧气，可能会促进其他喜欢无氧环境的细菌生长，这就可以解释为何细菌性阴道炎常和滴虫感染合并发生。滴虫的活动性强，所以也能带着其他在阴道里的细菌一路到子宫颈和子宫，甚至到输卵管。这样我们就能理解，为何小小的滴虫会在阴部以外的地方制造问题。

由于滴虫感染很少在男性身上表现出症状，因此男性通常不知道自己体内有滴虫，更别提接受治疗了，在不知不觉中传染给了性伴侣，这也是大多数性传播疾病的传染模式。如果女性接受治疗而男性却没有治疗，男性还会继续传染给女性。一些女性可能长达几个月，甚至几年都持续被滴虫感染，就是因为只是单方接受治疗，疾病在彼此间传来传去。这就是刘女士滴虫性阴道炎反复发作的主要原因。因此性伴侣双方要同时接受治疗，即使是单一性伴侣也一样。滴虫还有一个特性，就是如果不治疗，可以在阴道里存活好几年，这也可以解释，有些女性一段时间没有性爱，却仍然发现有滴虫感染。

由于滴虫感染合并一种性传播疾病时往往也可能合并其他的性病，因此做多种病菌或病毒感染评估也相当重要，包括淋病奈瑟球菌、衣原体、疱疹病毒、肝炎病毒（乙型肝炎及丙型肝炎都会通过性接触传染）及艾滋病病毒。王女士就是合并淋病奈瑟球菌感染，除了滴虫性阴道炎的症状，阴道分泌物还表现为明显脓性并可出现尿痛等尿路刺激症状，因此必须夫妻同时就诊、治疗、用药，治疗期间避免夫妻性生活。所以检测结果出来后，王女士的丈夫也进行了检查、治疗，经过规范系统的治疗，两人很快康复。

 女性出现外阴溃疡，一定是性病吗

外阴溃疡有的是性病，如梅毒、生殖器疱疹等，但绝大多数不是性病或不是由性病引起的，因此不能一概而论，大家不要谈溃疡而色变，一定要做好鉴别。外阴溃疡多因外阴炎症引起，是一种急性皮肤疾患，多见于大、小阴唇，表现为外阴有 1 个或多个溃疡，伴发热、疼痛。往往继发于外阴或阴道的炎症、恶性肿瘤，有时也可以是全身疾病在外阴和阴道的表现。临床上可分为急性外阴溃疡和慢性外阴溃疡。

（1）急性外阴溃疡：①非特异性外阴炎。溃疡多发生于抓挠后，可伴有低热及乏力等症状，局部疼痛严重，溃疡表浅，数量较少，周围有明显炎症。②疱疹病毒感染。起病急，初起为多个疱疹，破溃后呈浅表溃疡，有剧痛，多伴有发热，全身不适及腹股沟淋巴结肿大。溃疡大小不一，基底部呈黄灰色，边缘组织略高，有明显充血水肿。多在 1～3 周自行愈合，有复发的可能。③白塞综合征。急性外阴溃疡常见于白塞综合征，即眼 - 口 - 生殖器综合征。溃疡可广泛发于外阴各部，而以小阴唇内外侧及阴道前庭为多，起病急，常复发。临床上分为 3 型，可单独存在或混合发生，以坏疽型最为严重。坏疽型多先出现全身症状，如乏力、发热等。病变部位红肿显著，溃疡边缘不整齐，有穿孔现象，局部疼痛严重。溃疡表面附有大量脓液或污秽黄褐色或黑灰色的假膜，除去后可见基底不平。病变发展迅速，可造成小阴唇缺损，外表与外阴癌相似，但边缘及基底柔软，无浸润现象。下疳型是较常见的一种类型，该型一般症状轻，病程缓慢。溃疡数量较多较浅。溃疡周围红肿，边缘不整齐，会有坏死现象。常在数周内愈合，但常在旧病灶愈合阶段，其附近又有新溃疡出现。粟粒型的溃疡呈针头或米粒大小，数量多，愈合快，自觉症状轻微。④性病，如梅毒、生殖器疱疹、软下疳及性病性淋巴肉芽肿均可引起外阴溃疡，其表现发生于一期梅毒硬下疳的溃疡期，在硬下疳形成硬结后，中央开始软化，表面皮肤坏死破溃形成溃疡，排出黄色脓液，脓液可形成黄褐色或污灰色脓痂。早期溃疡为坏死组织，晚期脓液下可见凸凹不平的肉芽组织。生殖器疱疹的特点为溃疡反复发作，有时不治疗也能自然愈合，但常在感冒、疲劳等免疫力下降时复发。软下疳形成的溃疡多为圆形或椭圆形，边缘不整齐，可呈锯齿状，边缘浅蚀，周围有炎性红晕；溃疡底部有坏死组织，表面覆有脓性分泌物，剥之疼痛出血；溃疡大小 3 ～ 20 毫米；溃疡基底部柔软且有触痛。性病性淋巴肉芽肿早期原发皮疹为 5 ～ 6 毫米小疱疹或丘疹，患者自觉症状轻微，可形成溃疡。女性多发生于阴道前庭、小阴唇、阴道口及尿道周围。皮损常为单个，有时数个。无明显症状，数日后自愈，不留瘢痕。

（2）慢性外阴溃疡：溃疡反复发作，久而不愈，可见于结核及恶性肿瘤。①外阴结核罕见，偶可继发于严重的肺、胃肠道、内生殖器官、腹膜或骨结核。好发于阴唇或前庭黏膜。病变发展缓慢。②外阴恶性肿瘤在早期可表现为丘疹、结节或溃疡。病灶多位于大阴唇、小阴唇、阴蒂和后联合等处，伴有或不伴有外阴白色病变。需做活体组织检查（活检）与外阴结核相鉴别。

24 女性外阴瘙痒是性病引起的吗？原因有哪些

女性外阴瘙痒（外阴刺激症状）是指阴蒂、小阴唇、大阴唇、会阴、肛周瘙痒。其痒痛难忍，为阵发性或持续性，日轻夜重，严重影响患者的日常生活，是女性常见的外阴疾病。该病可见于任何年龄段的女性，有些是性病引起的，有些不是，绝对不能一概而论。常见原因有以下几种。

（1）局部原因：①真菌性阴道炎和滴虫性阴道炎是最常见的，阴虱、疥疮也可造成外阴瘙痒。幼女肛周及外阴瘙痒多由蛲虫病引起，一般在夜间发作。②慢性外阴营养不良，以外阴出现白色斑块、奇痒为主要症状。③药物过敏与化学物品的刺激，如苯扎溴铵（新洁尔灭）、香皂、避孕器具、卫生巾、尼龙内裤等均可引起接触性皮炎，出现外阴瘙痒。④老年性阴道炎、宫颈糜烂、宫颈息肉、膀胱炎、尿失禁等均可引起外阴瘙痒。⑤外阴扁平苔藓、慢性湿疹、脂溢性皮炎、牛皮癣、擦伤、股癣等都可引起外阴瘙痒。⑥不注意外阴清洁卫生，使阴道分泌物、月经、尿液、汗渍等污物积存，引起外阴瘙痒。

（2）全身性原因：①糖尿病，黄疸，维生素 A、维生素 B 缺乏，贫血，白血病等导致外阴瘙痒。②妊娠期和经前期外阴局部充血，可导致外阴瘙痒。③不明原因外阴瘙痒，目前认为可能与心理方面的因素有关。

诊断时应详细询问病史及治疗经过，仔细进行全身检查和局部检查，必要时做阴道分泌物培养、药敏试验或局部的病理学检查。

 女性外阴瘙痒者应注意什么

☺ 要注意外阴的清洁卫生，保持外阴清洁、干燥，不用肥皂等刺激性物品清洗外阴。

☺ 尽量克制抓挠和摩擦患处。

☺ 衣着要宽松透气，饮食忌辛辣刺激性食物，禁酒，忌食海鲜。

☺ 注意避免情绪的忧虑和紧张。适当应用镇静药、抗组胺药以调整情绪，减少忧虑和紧张，以减轻外阴瘙痒，但应在医生指导下进行。

☺ 如发现阴虱，需要剔净阴毛，内裤要经开水煮沸杀阴虱，外阴涂擦杀虫止痒类中药。

若仍不能缓解症状，应去医院就诊，查出外阴瘙痒的原因，进而针对病因治疗。如因糖尿病所致的外阴瘙痒，积极控制糖尿病，外阴瘙痒常可缓解。

 女性常见的外阴和阴道的疾病有哪些？其特点如何

（1）前庭大腺炎：特点是患侧外阴局部红、肿、热、痛，腺管开口处充血，脓肿形成时局部有波动感，并可见脓液自腺管口流出，可伴有发热。脓肿自行破溃时有脓液流出。脓液流出不畅、炎症持续不退时可反复急性发作。

（2）滴虫性阴道炎：特点是阴道分泌物增多，呈泡沫样；若合并其他细菌感染，则阴道分泌物可呈脓性。外阴瘙痒，灼热。外阴、阴道口充血，可见阴道黏膜有散在红色斑点。

（3）真菌性阴道炎：特点是外阴瘙痒或灼痛，阴道分泌物增多，呈凝乳块或豆腐渣样。妇科检查可见外阴充血、水肿或皮肤皲裂、表浅糜烂或溃疡，小阴唇内侧及阴道黏膜附着白色膜状物，擦净后见黏膜红肿。

（4）细菌性阴道病：特点是白带有鱼腥味，阴道灼热、瘙痒等。检查见有均匀一致的灰白色阴道分泌物黏附于阴道壁。阴道黏膜无炎症表现。

（5）尖锐湿疣：特点是病变出现前有不洁性接触史、配偶感染史或间接感染史。本病潜伏期长短不等，一般为1～8个月，平均3个月。通常无自觉症状，疣的生长部位和大小决定是否有痒感、异物感、压迫感或疼痛。女性可有阴道分泌物增多，表现多个粉红色、白色或污灰色等丘疹，如乳头状、鸡冠状或菜花状等。少数呈巨大尖锐湿疣，好发于皮肤和黏膜交界处，如女性生殖器官的会阴或肛门周围，还有阴道、子宫颈也常见，偶见口腔、乳房、直肠等处。

（6）生殖器疱疹：①原发性生殖器疱疹。特点是潜伏期3～14天；外生殖器官或肛门周围有簇集或散在的小水疱，2～4天后破溃形成糜烂或溃疡，自觉痒或疼痛；常见腹股沟淋巴结肿大，有压痛；患者常有发热、头痛、乏力等全身症状；病程2～3周。②复发性生殖器疱疹。特点是原发皮损消退后皮疹反复发作，较原发性的皮损轻，病程短。起疹前局部有灼热、针刺感或感觉异常。外生殖器官或肛门周围簇集小水疱，很快破溃形成糜烂或浅溃疡，自觉症状较轻，病程7～10天。

（7）阴虱病：特点是有不洁性接触史或配偶感染史。阴毛部位及其附近瘙痒，抓挠引起抓痕，血痂或继发脓疱疮、毛囊炎等感染，有时被阴虱咬处见灰色小斑点。在毛囊口可找到阴虱，毛根处可找到铁锈色虱卵。

（8）疥疮：特点是皮疹好发于皮肤薄嫩部位，如手指缝及其两侧、腕部屈侧、下腹部及阴股部。为针头大小淡红色丘疹、丘疱疹，其附近有时可见疥虫在表皮内穿掘的灰白色或浅黑色隧道。自觉剧痒，尤以夜间为甚。同一家庭或集体生活中常有同样患者。

　　女性外阴和阴道的疾病发病率较高，对患者的生活质量有较大影响，是性健康的杀手。所以一旦出现私处不适，要及时就诊，切不可讳疾忌医，延误病情。

其他常见的性健康问题

 第一次性生活该注意些什么

第一次性生活时，很多人因受思想束缚，对性知识了解很少，甚至是"性盲"，再加上缺乏一定经验，不知道第一次性生活时该怎么做，非常担心做不好，会给对方留下不良印象。那么第一次究竟如何做，才能留下美好的回忆呢？

（1）注意卫生：第一次性生活，不管男性还是女性都非常害羞又紧张，但性交前必须仔细清洁外生殖器官。男性仔细清洗阴茎部位，因为阴茎会隐藏一些包皮垢，有细菌滋生，易引起女性发生妇科疾病，比如尿路感染、宫颈炎和阴道炎等。

（2）女性少量出血不要担心：女性在初次性生活后处女膜破裂会有微痛或者少量出血，但因为性冲动，所以这种不适感不会被及时察觉，也不会妨碍性生活。但有少数女性会因为处女膜破裂感觉疼痛，其疼痛难以忍受，这时要停止性生活。但注意并不是所有女性都会有处女膜破裂、阴道出血，所以不能以此判断女性是否洁身自好，也不要因此而影响夫妻感情。当然，如果出血量较大，应尽快到医院就诊。

（3）掌握正确的姿势：一些男性通过其他非正规途径看过不健康的音像制品，其中关于性生活的表现形式非常夸张，很多男性想要尝试模仿类似刺激的动作和场景，但这并不适合所有的人，有些甚至是错误示范，因此要掌握正确的性生活姿势。

（4）掌握前戏小技巧：前戏中爱抚和亲吻扮演着重要角色，通过爱抚能提高性唤起和性兴奋程度，同时也能提升性生活质量。对全身爱抚，然后对敏感区亲吻等，如爱抚胸部、大腿、小腿、臀部、外生殖器官、脖子和耳朵等，但一定要注意动作应轻柔。

（5）不要在意第一次性生活的时长：大部分男性第一次性生活因为过于激动和敏感会射精太快，有时没有接触到女性就会射精，这种情况不能和早泄画等号，也不能因此就认为自己有性功能问题。男性要了解这方面的知识，避免给自己带来心理障碍和精神负担。女性要给男性足够的安慰和鼓励，理解男性并且鼓励男性再慢慢完成一次真正的性生活。请记住，第一次性生活绝大多数都不完美，这很正常。

（6）做好避孕措施：若没有怀孕的计划，一定要做好避孕措施，目前比较安全可靠的避孕措施有使用避孕套、口服避孕药等，详见本书相关内容。

 女性为什么"初夜不见红"

（1）处女膜形态不同，破裂的损伤程度有差异："见红"就是因处女膜破裂所致的。处女膜覆盖在阴道近外口处，厚1～2毫米，中间有一个小孔，称为"处女膜孔"，直径约1厘米，多为圆形、椭圆形或锯齿形；也有呈半月形；还有的有很多分散的小孔，就像筛子等。一般初次性交，处女膜被顶破损伤而出血。因处女膜形态的特殊性，损伤出血有的很少，有的相对较多，可能同时伴有不同程度的疼痛。如果出血量很少加上房事前戏做得又好，阴道分泌物多，阴道较润滑，可能就被忽视，或者少量的血丝被掩盖了；还有极个别的处女膜弹性太好，根本就没有破裂；还有极少数女性先天没有处女膜，就更谈不上损伤了。

（2）处女膜因运动已经破裂：正如前面所谈，有的处女膜非常薄，剧烈运动如骑车、骑马等，导致处女膜已经损伤，当然第一次性生活就不会再出血了。

 阴毛会不会影响性生活

有些人总是担心性生活时，阴毛会影响性生活，其实这种担忧毫无根据。

正常情况下，阴毛会在青春期随着第二性征的出现而萌发，它具有如下作用。

（1）对私处的保护作用：不论男女，生殖器官都是比较脆弱的，加上私处的皮肤比较娇嫩，阴毛可以起到保护的作用，避免异物和病菌的入侵。

（2）提升散热能力：人体会阴部位的腺管比较粗大而且分布密集，因此这个部位出汗会相对较多，加上私处又不易通风透气，阴毛可以帮助散热。

（3）缓冲作用：性生活时男女双方的外生殖器官直接摩擦可能会产生一定的不适，阴毛的存在则可起到一定的缓冲作用。与此同时，它还能增加双方外生殖器官摩擦所产生的快感。对某些人来说，爱抚和摩擦阴毛也会带来一些微妙的刺激。

 月经期可以性生活吗

关于这个问题早有定论，那就是月经期是禁止性生活的，这是常识。但是近年来部分人士认为某些疾病的产生与月经期性生活无关，无论是月经期还是非月经期进行性生活都可以，这是一种错误说法，很容易对大众造成误导。

在月经期进行性生活，男性生殖器官可能会把细菌带入阴道内，经血是细菌等微生物的良好培养基，这就给细菌提供了施展拳脚的好机会，它们很容易沿着子宫内膜微小的伤口和破裂的小血管扩散，感染子宫内膜，导致盆腔炎等妇科疾病。

而且当女性处于月经期时，由于生殖道黏膜损伤，性生活后精子很容易顺着小伤口进入血液循环，这时免疫细胞就会对这种"未知蝌蚪"进行攻击，产生抗精子抗体（AsAb）。一旦女性体内产生了一支"抗精子大军"，在之后的性生活中，就会使得进入体内的精子凝集，失去活力，女性也就无法受孕，这种不孕被称为免疫性不孕。据调查，在不孕症患者中这类患者占 10% ~ 30%。

有人认为月经期是最佳的避孕期，因此放松警惕，进行性生活时"无拘无束"，甚至会比平常更加激烈，这样就很容易引起女性生殖器官充血，导致月经量增多，月经期随之延长，甚至可能引起子宫内膜异位症。子宫内膜异位，顾名思义就是子宫内膜长错了地方，本应该在子宫生长的，却在卵巢等地方"安家"，这样到处扎根的后果就是月经异常、不孕、腹痛、尿频等。子宫内膜异位症的发病机制目前尚不明确，多数学者认为，在月经期性交，当女性到达性高潮时，子宫要发生收缩，就容易发生"经血逆流"。经血逆流是指月经期子宫内膜腺上皮和间质细胞随经血经输卵管进入盆腔的现象。逆流的子宫内膜种植于卵巢和邻近的盆腔腹膜，并在该处继续生长、蔓延，可形成盆腔子宫内膜异位症。

月经期后多久进行性生活更健康

月经期不能进行性生活，逐步成为大家的共识，但是刚过月经期就可以进行性生活了吗？答案是否定的，刚过月经期就进行性生活对女性生殖健康是不利的，最好是等几天之后再进行性生活。

很多人认为，在月经期出血停止后即可恢复性生活，殊不知这样的做法是有损女性生殖健康的。女性刚过月经期，其子宫腔表面仍存在断裂的血管和腺管，小血管还会有渗血现象，新的子宫内膜也才开始生长，表面还没有上皮覆盖。此时，子宫腔内的创面就如同表皮擦伤的皮肤，虽然已经不出血了，但仍未完全再生修复好。

因此，如果在月经期经血刚停止后就匆忙进行性生活，容易引起子宫腔充血。另外，男性阴茎、尿道及女性阴道口附着的病菌进入女性生殖道，易引发生殖器官感染，也会对尚未恢复的子宫内膜造成损害。因此应在月经期后经血停止2～3天，再恢复正常的性生活，这样才更有利于女性的生殖健康。

女性的爱液来自哪里？有什么作用

在进行性生活时，女性的阴道会分泌大量液体，即阴道分泌液（巴氏腺液，俗称爱液、阴液）。可能很多女性都疑惑：爱液是从哪里来的？为什么进行性生活时会有这么多液体？这些液体有什么作用？

进行性生活时，女性阴道所分泌的液体主要来自于子宫颈管。平时子宫颈管就会分泌液体，而在性生活时女性达到性高潮，子宫颈管会喷射更多的分泌液。这种分泌液大多数是色淡且透明、没有黏性的液体。这些液体的流出说明女性性欲逐渐提高，已经进入高潮状态。

女性从青春期持续到老年阶段都会分泌这些液体。但在 20 ～ 30 岁这一阶段的女性，因为身体强壮，激素分泌旺盛，性发育成熟，性生活时爱液分泌量会增加。爱液主要有以下作用。

（1）润滑作用：女性阴道的分泌物能起到润滑的作用。在性生活时，如果女性阴道没有液体分泌，在亲密接触时可能因阴道干涩而疼痛。分泌的液体能起到润滑作用，减少摩擦给阴道带来的不适感，进而让女性快速进入状态，防止因为疼痛而产生阴影，排斥性生活。

（2）保护精子：这些爱液能中和阴道酸性，可提高精子进入阴道时的存活率，进而延长精子的生存时间，让其和卵子相遇的概率更高，使它们顺利到达输卵管。

 性生活时，垫高臀部有助于怀孕吗

有人说在性生活时，使用枕头在女性臀下支撑，可以防止精液流出，从而达到更快受孕的目的。那么这种方式真的有用吗？

这个视情况而论。对于正常的子宫颈来说，垫不垫高臀部对怀孕没多大影响。正常的子宫颈，只要平时能来月经，就证明"管道"是很通畅的。精子其实是非常小的，子宫颈既然能通过经血排出子宫内膜，那么精子通过也就毫无困难。即使子宫颈管狭窄，但对于精子的通过也是没有影响的。

当然如果是子宫颈异常，或后位子宫的女性，此时就需要采取一些措施，如用垫高臀部这样的做法来提高精子游进子宫颈的概率，这个姿势有助于精子顺利地进入子宫内。

垫高臀部对于有些人来说不是一件舒服的事，所以如果女性子宫颈正常，那么完全不需要这么做，顺其自然就好。

女性自慰会影响健康吗

在这里要特别提醒的是，女性适度的自慰不但不会影响健康，反而有益健康，但是过度则有损健康。

女性获得性快感的刺激部位主要是阴蒂，摩擦和按揉都是有效的刺激方式。很大程度上，亲密接触时，快感也是来自对阴蒂的摩擦和对阴蒂相连组织的牵拉。

有调查表明，平时有自慰习惯的女性，获得性快感的时间的确延长了。但是这并不是自慰的罪过，而在于大脑的功能。自慰为了短时间内达到性快感，一般会采取比正常性交激烈的刺激方式。大脑对这种刺激形成依赖后，获得性快感的兴奋强度就需要更高，正常性交的刺激就需要持续更长。最简单的解决办法就是禁欲一段时间，之后女性的敏感性就自然回来了。

自慰的女性不要有负罪感。自慰的女性容易出现愧疚、后悔、自我厌恶等情绪，甚至会出现自残冲动，其实这是错误的想法。获得性快感这件事，其实跟吃饭、睡觉一样，是正常的生理需求，无论男女，自慰是一种正常的生理行为，注意适度就行。过度频繁的自慰会使人精神不振、精力下降、意志消沉、记忆力减退、注意力不集中、理解能力下降、失眠、多梦、头昏、心悸等。

 女性自慰需要注意哪些事项

女性自慰往往通过直接刺激阴蒂、小阴唇或乳房，引起性兴奋和性高潮。在性欲被唤起后机体表现为盆腔充血，以阴道润滑为首要特征，一般在性刺激 10 ～ 30 秒后液体从阴道壁渗出，在性持续期阴道分泌物会进一步增多，这些阴道分泌物起到润滑和保护作用。在性持续期的基础上，随着性兴奋的积累，出现性高潮，此时，阴道和肛门括约肌会有节律地收缩，子宫也会发生收缩和提升，心率和呼吸加快等。通过强烈的肌肉挛缩，性紧张得到释放，因此性高潮仅持续数秒。当然，这个复杂的过程还需要女性的性激素和神经系统参与调控，协助完成整个愉悦的性反应过程。

由于女性外生殖器官的特殊结构，所以女性泌尿生殖系统感染风险较高。不卫生的自慰，可能造成一些泌尿生殖系统疾病，增加感染风险，因此需要特别注意以下几点。

（1）做好清洁，减少阴道感染：自慰时应把手或自慰器洗干净，指甲不要留太长，以避免感染。如果要把手指伸入阴道，也别忘了先取下手指上的戒指等。

（2）应避免长时间的刺激性器官：女性经常自慰、长时间地刺激性器官，则有可能促使性器官逐渐肥大。长期频繁摩擦性器官，还容易导致病毒、寄生虫、细菌和其他微生物的侵入，引起出血、溃疡等，进而影响到性生活的美满、家庭的和谐，因此必须适度。

如果自慰后出现腰膝酸软或腰骶部疼痛、头晕耳鸣、乏力，或注意力不集中、记忆力下降等，就是自慰过度了，要注意调整频次，或戒除自慰。

10 性生活过于频繁会不会导致阴道松弛

频繁进行性生活，会不会导致阴道松弛？这几乎是有了性生活之后，男性女性都想知道的性知识，其实性生活频次与阴道松弛没有因果关系。

女性的阴道肌肉天生有着极强的伸缩能力，而且实际性生活时能让阴道变形的时间相对较短，所以很容易就能恢复到原来的状态。因此性生活频次的增加，是不会导致阴道松弛的。

女性在性兴奋时，阴道内 2/3 段会膨胀得像气球一样，人们称之为"帐篷效应"。阴道长度将从原来的 10 厘米长（没有唤起的阶段）增加到 15 厘米长（唤起后），而且其宽度也有相应增加。阴道在性兴奋时的这种变化保证了它能舒适地容纳勃起的阴茎或自慰器或伴侣的手指，当女性的身体恢复到没有唤起的休息状态时，阴道也将恢复到原有的前后壁相互贴合的状态，阴道不会长时间保持"帐篷效应"的状态。

11 女性渴望什么样的性生活

女性渴望什么样的性生活？男性应该对此有所了解。其实许多女性希望男性进行有新鲜感的性生活，而不是一成不变的、机械刻板的、缺少情调的。她们希望男性变得更细腻些，能主动去了解、满足女性的性心理和性生理上的需要。希望男性花更多的时间在感情交流和前戏上，而不仅仅是性刺激和性高潮，希望男性在性交之后能继续爱抚她们。性交是性生活的一种方式，但不是唯一的，在性生活上有一系列可供选择的方案和方法。

 男性外生殖器官性生活时出现疼痛的原因有哪些

（1）行为不当：一般来讲，如果男女双方没有相关疾病的话，可能是由于性行为不当引起的，如不当的体位、过于粗暴的动作等。

（2）包茎或包皮过长：对于结婚初期的一些夫妻，男性缺乏相关性知识，私处部位敏感娇嫩，不适应性生活的摩擦，尤其是包皮过长的患者，平时阴茎头被包皮覆盖，以至于阴茎头娇嫩怕刺激，初期性交时易出现疼痛等不适感，严重者如包皮口过于狭窄，甚至包茎者，平时包皮基本不能上翻，性生活时如用力过猛，还易发生包皮嵌顿等情况，导致严重疼痛不适。

（3）阴茎头包皮炎等：泌尿生殖系统疾病或生殖器官畸形会导致疼痛，如阴茎头包皮炎、尿路感染及睾丸、附睾的炎症等，这种疼痛平时就存在，可能在性生活时感觉更为明显。另外阴茎瘢痕及弯曲、包皮粘连、隐睾等，都可能在性生活时出现疼痛不适。

（4）其他因素：除了以上原因，女性如果出现阴道畸形、狭窄、痉挛、干涩，不但会导致阴茎插入困难，在性生活时也会出现疼痛不适的感觉。还有一些妇科炎症，如滴虫性阴道炎、念珠菌性阴道炎等，可能会造成男性的感染，从而在性生活时令男性外生殖器官出现疼痛不适。

 性生活时女性为什么会发出呻吟

性生活对于夫妻而言，具有精神与肉体双重愉悦的享乐作用。性生活时女性发出呻吟是再正常不过的生理反应，不必故意压抑，更没有必要为此感到羞耻。

从生理学角度来看，女性在性交中发出呻吟有两个原因：一是因为接近或达到性高潮时，血中的含氧量会减少。这时女性便会陷入轻微的缺氧状态，出现眼睛失神、视线模糊、全身轻度痉挛等。血中的含氧量减少，二氧化碳就会相对增加。因此，呼吸必然会加快，变得不正常，就会自然发出性高潮时的呻吟。此时的呻吟能调整呼吸，缓解不适。二是临近性高潮时，女性脑中的"兴奋物质"会随之而增加。关于这种"兴奋物质"，人们对它的认识目前仍然是很有限的，但已经知道它能使人意识模糊，并有解除大脑抑制的作用。这一作用会冲淡女性的理智，发出连自己都难以想象的声音。有些女性对自己是否发出声音，事后竟然一无所知。

不过，事情不是一概而论的。有部分女性，会通过呻吟来表达自己达到了高潮。另外，还有一小部分女性呻吟是为了缓解或减轻疼痛。但同样有不少女性在性生活时，不发出声音。

 性生活时为什么男性很少发声

性高潮时女性呻吟可能是一个比较普遍的现象，甚至很多男性把伴侣发出的愉悦声音作为自己强大性功能的证明。所以一般提起这个话题，很多人的第一反应可能是只有女性才会有，男性则充当着埋头苦干的角色，很少会发声，即使出声，更多的可能是询问伴侣的感受。

在传统观念中，男性在性交中一般扮演着主导角色，力气都用来卖力耕耘了，所以就没有力气发声了。其次性兴奋对男性而言，主要刺激其大脑皮质，而这个部位具有较高的控制能力，所以一般男性都能忍着而不发声。

 为什么说忍精不射并非男人雄风的表现

临床上遇到很多男性为了展示男性雄风，总想采取各种方法延缓射精时间让爱人满意。其实这种刻意忍精不射、延长性交时间的做法是错误的，对身体有害无益，其危害主要包括以下几个方面。

（1）诱发前列腺炎和性功能障碍：盆腔器官持续充血可诱发各种疾病，强忍不射精会导致盆腔充血过度，加重性神经系统和性器官的负担。正常人性生活射精后，性器官内的体液充分排泄，并逐渐疲软，不久阴茎内血流状态就恢复正常。如果人为中断射精，性器官内的血流复原速度就会减慢，导致持续充血状态。

盆腔的过度充血一方面使男性性欲降低，不能尽情享受性生活，容易诱发勃起功能障碍；另一方面容易诱发生殖系统感染，如慢性前列腺炎和精囊炎，出现尿频、尿急、血精等。

（2）可能诱发不射精：若习惯于忍精不射，习惯成自然，久而久之会诱发不射精。因为神经内分泌系统已习惯于忍精不射的模式，想恢复射精功能时，可能已经不能逆转了。

（3）可能诱发逆行射精：在正常情况下，精液的流通顺序是从射精管里排出，至尿道，然后再排出体外。但如果在性交过程中，强行忍精不射，其精液就会改道而行，向反方向进入膀胱内，久而久之，就可能会形成逆行射精，也就是精液倒流，更有严重者可能会导致不育。

在此特别提醒男性朋友，刻意忍精不射、延长性交时间的做法对身体是有害的。切记不要总是刻意地过于延长射精时间，应该顺其自然，全身心投入，体验性交的高潮与射精的快感。

16 性生活前戏重要吗

不同人群之间，他们的性生活模式是不一样的，有的人重视前戏，而有的人喜欢长驱直入。很多人都说前戏非常重要，尤其是对于女性来讲更是如此。前戏到底重不重要呢？答案是显而易见的。

男性在进行性生活时总是注重结果，而女性则比较注重过程，这也是男女性心理之间的区别。也就是说男性性欲的到来比较快、比较强，能够很快进入高潮状态；但相对于男性来讲，女性进入高潮状态就较慢。所以要想夫妻性生活和谐，性生活的前戏非常重要。做好前戏有如下益处。

（1）预防性功能障碍：如果还没有让女性性兴奋起来就进入女性的体内，女性很可能会因为爱液分泌不足导致阴道缺乏润滑而干涩，阴茎进入就比较困难，女性也会感到很疼痛。发生这种情况，女性的性欲就会大打折扣，甚至会导致性生活的失败。如果这种情况经常发生，就会导致女性性欲低下，或男性勃起功能障碍等。相反，如果前戏做得好，爱液充分，夫妻性生活更加和谐，不仅能增强夫妻感情，而且也可预防相关疾病的发生。

（2）可以更好地激发女性性欲：女性在性生活中更为感性，非常在意男性对她的感情，她们也非常敏感，经常多想。如果没有进行足够的前戏，或者直奔主题，女性就感觉不到男性对她的珍爱，就不容易唤起较高的性欲。

如果两个人进行了温柔或者激情的前戏，在这个过程中，男性如果表现得非常绅士，男性在女性心中的形象会更加美好，也更加凸显男性魅力，使女性感受到这份爱，情感到位了，性生活也会更和谐。

 如何做好性生活前戏

（1）取悦伴侣：女性从性生活中感受到男性的爱，才能获得更好的体验。所以男性要做的第一步，就是给女性爱，让女性感觉到信任、依赖。就心理层面而言，女性觉得有安全感与信赖感时，才愿意将一切托付给伴侣。当然，由女性主动挑逗的前戏，男性也会欣然接受。

（2）采取温柔的动作：即便是威猛、壮实的男性，在前戏时也要控制自己的力道，以温柔取胜。尤其是刚开始发动进攻时，必须是温柔攻势。女性需要身体上的爱抚和感情的交流，从而挑起性欲。

（3）学会亲吻：除了亲吻嘴唇，还可以进一步地去探索身体其他的敏感地带，如耳朵、颈部、锁骨、胸部、腹部、大腿内侧等身体部位，都有可能藏着男性还没发觉的独属于女性的敏感地带，此时是深入探索的最好时机。

（4）语言与音乐的帮助：性生活时最容易忽略的是语言，性生活爱抚阶段不妨说一说情话。情话具有催情功能，能激发和维持性兴奋。性生活时可以播放一些优美的音乐，这可以让人在性生活中更容易兴奋，加快生理反应的速度。但性生活时应注意避免受到噪声干扰，若室外有噪声，尽量把门窗关闭。

（5）温馨的环境：要重视环境在夫妻性生活中的良好作用，使用干净、整洁的床单和被褥；可以在室内放鲜花，营造浪漫的氛围等。

18 性生活多长时间一次比较合适

夫妻性生活多长时间一次，严格意义上讲，没有固定答案，与很多因素有关系，包括夫妻之间的感情、身体状况、年龄、环境等。通常在20～30岁性生活比较旺盛的这段时间，1周2～4次，甚至5次性生活都是正常现象。31～40岁的夫妻，1周2～3次；41～50岁的夫妻，1周1～2次。随着年龄的增加、性欲的下降，50岁以后性生活次数可能会逐渐减少，通常1周1次或2周1次都可以视为正常。根据个人的身体情况不同，每个人对性的要求也不同，但都要以性生活后不感到身体劳累为原则。

19 一次完满的性生活一般持续多长时间

正常情况下，持续时间5～15分钟，当然更长时间的也不少。每次性生活的持续时间到底多长才合适，很难定出一个标准。大多数人都认为，每次过性生活持续时间越长，越能获得性满足，这种看法并不科学。性生理研究表明，每对夫妻的健康状况、身体素质、性生活环境及性生活习惯等不同，性生活的时间也是有差异的。即使同一对夫妻，每次的时长也不相同。所以每次性生活的持续时间到底多长才合适，很难确定一个具体数字。但只要夫妻双方身心愉悦，彼此满意，有益于健康，这个时间就是"金标准"。

如果性生活的时间拖得很长，就会使人体的能量消耗过多，而令人感到疲惫，甚至使双方出现精神倦怠、肌肉酸痛、全身乏力等不适，这样势必影响第二天的工作与生活。

20 性生活对身体健康的益处有哪些

性生活在夫妻相处过程中占据非常重要的位置，如果夫妻性生活不和谐，不仅会影响到感情的维系，也会影响到人的身体健康。和谐且规律的夫妻性生活对健康益处多多。

（1）有益心脏健康：性生活可以让骨盆、四肢、关节、肌肉、脊柱更多地活动，促进血液循环，增强心脏功能和肺活量。有报道指出，拥有和谐性生活的人发生心脏病的危险比性生活不和谐的人至少减少 10%。

(2)提高机体免疫力：研究表明，在进行性生活的时候，会让唾液中的免疫球蛋白水平偏高。免疫球蛋白水平变高了，人体的抵抗力就会增强，人就不容易生病。性生活也算一种运动，规律的性生活也会让人体在一定程度上得到锻炼，体质也会越来越好。

(3)缓解压力：不管男性还是女性，在生活和工作上总是面临各种各样的压力，性生活过程中人体能够增加多巴胺等物质的分泌，这类物质可以给人带来一定的快感，帮助人放松，使人愉悦，压力自然可以缓解。

(4)提升睡眠质量：夫妻进行性生活后，总会睡得非常香，这是因为性生活会消耗人的体力和精力，释放体力与精力以后，身体会放松，因此睡眠质量会得以提高。

(5)提升自信心：愉悦的性生活不仅可以使伴侣身心得到满足与快乐，而且使自己充满自信与力量。

(6)降低前列腺癌风险：研究表明，对于一些有规律性生活的男性，他们患前列腺癌的风险比禁欲或纵欲的男性更低，而长期没有性生活的男性患前列腺癌的概率更大，中老年男性保持适度规律的性生活，也可以降低患前列腺癌的风险。

(7)缓解痛经：研究证实,性生活有止痛或缓解疼痛的作用。性高潮后，身体释放的一种被称为内啡肽的物质具有镇痛等作用；进行性生活时，女性肌肉收缩，促进血液加速流出骨盆区，减轻骨盆压力，从而缓解经前期小腹部疼痛不适。这也许是有些女性婚前有痛经，婚后痊愈或缓解的原因之一。

(8)延长寿命：性生活的过程中需要全身心投入其中，这不仅能让心理上得到享受，而且精神上更加愉悦，同时促进激素分泌。因为分泌性激素的中枢在脑垂体和下丘脑，适度的性生活能让激素分泌平衡，维持大脑年轻化，提高新陈代谢的速度，维持生命活力。

(9)促进女性生殖健康：研究表明，性生活规律的女性雌激素水平比偶尔过性生活的女性要高得多，这可加强女性卵巢的生理功能，使月经正常，还可推迟更年期，而且每一次性生活都会使阴道分泌物增加，使阴道保持湿润。

21 白带的异常和性生活不洁有关吗

回答这个问题之前，先了解以下几个问题。首先是白带的成分，白带是阴道保持湿润的主要物质，主要由阴道黏膜渗出物、宫颈管及子宫内膜腺体分泌物等组成，其中还含有阴道上皮的脱落细胞及白细胞，还有来自小阴唇皮脂腺的分泌物、前庭大腺的分泌物等。一般来讲，白带无味，量也不多，它因人因时而有所变化。如排卵期子宫内膜腺细胞分泌旺盛，于是白带增多，极似稀薄透明的鸡蛋清，拉丝度高，不易拉断，弹性相当好，经期后半期就观察不到这种现象了。月经期前后2～3天，因盆腔充血，阴道分泌物增多，白带也多，有时还略带血色，黄体功能不足时会略带褐色。

如果白带的颜色、质地等发生变化，则提示白带异常（阴道分泌物异常）。已婚女性出现这些情况，首先要考虑的便是与性生活有关，通常是生殖道感染。已婚女性白带异常，与不注意卫生的性行为有关，譬如男方用手爱抚时没有洗手，指甲过长且藏污纳垢，性生活前双方或一方不注意清洗外生殖器官，尤其是男性卫生习惯欠佳，男性患包茎或包皮过长，性生活后又不及时排尿和清洗等均是导致女性白带异常的重要原因。

22 阴道炎症都是不洁性生活引起的吗? 怎样判断自己是否患有阴道炎症

阴道炎症和性生活有关联，但并非绝对相关，女性患阴道炎症有多种原因。以真菌性阴道炎为例，它可以通过性生活感染，但更多情况下是由于患者自身免疫系统出了问题，也可能是滥用抗生素或用清洗液洗得太频繁等，导致阴道菌群失调而患病。因此不洁性生活仅仅是引起阴道炎症的重要原因之一。

怀疑自己患了阴道炎症的女性，可以根据以下几种常见病症进行初步判断。

（1）真菌性阴道炎：是由感染白念珠菌所致，症状为带下量多，呈豆腐渣样，外阴瘙痒、灼痛、性交痛等，分泌物化验可找到真菌。

（2）滴虫性阴道炎：是由感染阴道毛滴虫所致，症状为带下量多、黄稠臭秽、带有泡沫，外阴瘙痒、灼痛，性交痛等，检查分泌物可找到滴虫。

（3）老年性阴道炎：是因老年女性卵巢功能衰退，雌激素水平降低导致阴道黏膜萎缩变薄，局部抵抗力下降而细菌入侵引起的阴道炎症，症状为小便不适，外阴瘙痒、灼痛等，多因滴虫、真菌、细菌、支原体感染。

（4）细菌性阴道病：是一种阴道炎症性疾病。实际上是一种以阴道嗜血杆菌、各种厌氧菌、动弯杆菌和支原体引起的混合感染，局部炎症不明显，症状为白带有鱼腥味，阴道灼热、瘙痒等。

如果出现了以上病症，很可能患上了阴道炎症，建议找医生明确诊断，及时治疗。

23 真菌性阴道炎是性病吗

婷婷年轻漂亮，性格活泼，酷爱户外运动，特别是游泳。可是这几天她有一些苦恼，原来不知自己怎么患上了真菌性阴道炎。上网一查，该病还属于性病。回想自己并没有高危性行为，哪里来的性传播疾病呢？带着这个疑问，婷婷咨询了医生，医生在检查后的一番解释化解了婷婷的疑惑。

由于女性的阴道与外界相通，阴道内并不是一个绝对无菌的环境，平时有包括真菌在内的很多病原菌，但是它们维持在一个平衡状态，势均力敌，相互制约，故也相安无事。当身体抵抗力下降或者抗生素使用过多的时候，细菌等一些微生物被杀死，真菌失去了制约而大量繁殖，进而导致真菌性阴道炎的发生。

真菌性阴道炎的传播和复发与性生活也有着密切的关系，所以从广义上讲，它属于性病之一。一旦性伴侣生殖器官存在真菌，很容易通过性交方式把真菌带入女方生殖道，由于女性阴道湿润温暖的环境更适宜真菌的生长、繁殖，使得真菌性阴道炎的发病率较高。所以在确诊为真菌性阴道炎后，不仅自己要治疗，性伴侣亦应治疗，以彻底杀灭病原菌。

阴道炎患者日常应注意什么

阴道炎是妇科常见疾病，该病发病率高，易反复，给患者带来了很多生活上的不便和身体上的痛苦。阴道炎患者平时应该注意以下几点。

☽ 不要过度使用消毒剂或清洁剂清洁阴道，否则会破坏阴道菌群的平衡，导致阴道炎的发生。建议平时用温水清洗阴道；勤换内裤，而且最好穿宽松的棉质内裤，以保持阴道透气、干燥；避免不洁性生活，以免造成病原体感染。

☽ 饮食避免辛辣刺激的食物，如辣椒、胡椒、茴香、花椒、八角、洋葱等；还应禁止吸烟、喝酒、食用海鲜和甜腻厚味的食物。平时应多喝水、多吃新鲜的瓜果和蔬菜。

☽ 切勿滥用药物，如抗肿瘤药、抗生素、激素、免疫抑制剂等，否则可能破坏人体内的生态平衡，导致免疫力低下而诱发阴道炎等。

☽ 锻炼身体，提高免疫力，保持心情愉快，生活作息要规律，这些都有助于人体免疫力的提高，增强自身的抗病能力。

☽ 注意性生活卫生。性生活前后，双方都要清洗外生殖器官；若男性包皮过长，建议尽早行包皮环切术，防止性生活时男女双方交叉感染。

 盆腔炎是性病吗

盆腔炎是女性的常见疾病。性病患者，如淋病、衣原体感染等的男性，可以通过性接触，使配偶感染淋菌性盆腔炎或衣原体性盆腔炎，但除此之外，还有很多原因可以引起盆腔炎，不能说盆腔炎就是性病。

盆腔炎是指女性内生殖器官及其周围结缔组织和盆腔腹膜的炎症，主要包括子宫内膜炎、输卵管炎、输卵管卵巢脓肿、盆腔腹膜炎等。炎症可局限于一个部位，也可同时累及几个部位，最常见的是输卵管炎。

多发生在性活跃期、有月经的妇女。初潮前、绝经后或未婚者很少发生盆腔炎。

26 什么是宫颈糜烂？是性生活混乱引起的吗

所谓的宫颈糜烂，目前叫作宫颈柱状上皮异位，是指女性进入青春期后，受雌激素影响，宫颈管内的柱状上皮移位至宫颈外口，由于柱状上皮菲薄，肉眼观宫颈呈鲜红色改变的现象。这种变化并非真正的糜烂，多无症状，一般无须治疗。

宫颈糜烂与性生活有一定联系，但两者之间并没有直接关系，不能说宫颈糜烂就是性生活混乱所引起的。

未婚女性由于处女膜的屏障作用，阴道内一般不会有外来物的侵入，所以很少有宫颈糜烂的发生。一旦结了婚，有了性生活，阴道相对处于一种"开放"状态，可遭到外来病菌的侵袭。当然，正常的、讲究卫生的性生活一般不会给女性带来什么危害，因为正常的精液中含有杀菌物质，对阴道可起到消毒作用，同时女性的阴道也有很强的自净自洁的生理功能，它有自然抵御外来病菌侵袭的能力。注意清洁卫生，一般不会造成女性生殖器官的炎症。

27 没有性生活怎么也会发生人乳头瘤病毒感染

> 孙医生在1年前曾诊治过一位22岁的女大学生，在一次健康体检中发现人乳头瘤病毒（HPV）阳性且还是高危的HPV-16型。患者非常不理解，自己没有症状，也没有性生活，怎么会感染呢？其实，没有性生活同样也有感染的风险。

性接触是HPV感染的主要途径，尤其是不洁性生活。只要有性生活，就有可能感染HPV。有非常权威的数据显示，约80%的女性都感染过HPV，只不过大部分都是"无症状"感染，感染后自己不知道罢了。但除此之外，HPV还有以下四种感染途径。

♡ 密切接触已感染者。尤其是有皮肤接触者，被感染的风险更大。

☽ 间接接触感染。主要指接触感染者污染的衣物、生活用品等。

☽ 母婴传播。通过产道接触传染。

☽ 医源性感染。使用了感染者污染的相关医疗器械等而被感染。

 怎么预防 HPV 感染

要积极接种宫颈癌疫苗（HPV 疫苗、人乳头瘤病毒疫苗），宫颈癌疫苗是预防 HPV 感染的第一道防线，所以建议适龄女性要积极接种。但我们也必须明白，它不是 100% 的防护"武器"，除接种疫苗外，在日常生活中更要做好以下几点。

（1）洁身自好：无论男女都要洁身自好，要经得起各种诱惑。坚决杜绝不固定性伴侣及多性伴侣等高危性行为。

（2）加强个人卫生管理：无论男女都要选择通风透气、棉质的内衣；男女都要注意外生殖器官的卫生，要经常清洗；对包皮过长者，建议做包皮环切术；包茎者，要尽早手术；女性要注意月经期卫生；在月经期和产褥期应禁止性生活；不共用毛巾、浴巾等私人物品，不在公用的浴盆中沐浴。

（3）养成良好的生活习惯：杜绝吸毒，戒烟限酒；按时作息，不熬夜；营养均衡，少摄入高脂肪、高热量食物；以乐观豁达的心态，面对生活和工作中遇到的各种不如意的事情。

（4）适度锻炼：养成主动锻炼、积极锻炼的好习惯。适度锻炼可以增强体质，提高机体免疫力。有研究表明，女性每天运动 30 分钟，就能大幅降低宫颈癌的风险。

（5）定期体检：男女都要定期进行体检，尤其是生殖器官的体检。有性生活史的女性，每年要定期进行 HPV、TCT（液基薄层细胞学检查）筛查，以了解宫颈的健康情况。

 如何选择宫颈癌疫苗

宫颈癌疫苗是通过使人体对某几个高危 HPV 亚型产生抗体，从而达到预防疾病的目的。目前我国大陆地区可以接种的宫颈癌疫苗有二价、四价和九价。这里的"价"代表的是疫苗覆盖的病毒亚型的种类,"价"越高,覆盖的病毒种类越多。

二价宫颈癌疫苗适用于 9 ～ 25 岁的女性群体,完成整个免疫程序共需接种 3 针,分别在第 0、1、6 个月各接种 1 针。二价宫颈癌疫苗是针对 HPV-16 和 HPV-18 两个黏膜高危分型而研发的,HPV-16 和 HPV-18 在所有引发宫颈癌的 HPV 亚型中占 70% 以上。因此本疫苗是针对最基本、最主要的致病因素而研制的,接种了二价宫颈癌疫苗,女性同胞们今后患上宫颈癌的风险可大大减小。

四价宫颈癌疫苗是在 HPV-16 和 HPV-18 二价宫颈癌疫苗的基础上,增加了 HPV-6 和 HPV-11 两种 HPV 黏膜低危型亚型。这两种黏膜低危型的 HPV 也会引起肛周皮肤和阴道下部的各种疣状病变和低度宫颈上皮内瘤变等,同样也会对人体健康造成损害。也就是说,四价宫颈癌疫苗可预防更多的 HPV 感染,不但可降低患宫颈癌的风险,还可以预防男女常见的性病,预防作用更加广泛。四价宫颈癌疫苗适用于 20 ～ 45 岁的女性群体,完成整个免疫程序共需接种 3 针,分别在第 0、2、6 个月各接种 1 针。

九价宫颈癌疫苗是在四价宫颈癌疫苗的基础上又增加了 HPV-31、HPV-33、HPV-45、HPV-52 和 HPV-58 五种 HPV 亚型,是迄今为止功能最强大的宫颈癌疫苗,适用于 9 ～ 45 岁的女性,免疫程序共需接种 3 针,第 0、2、6 个月各接种 1 针。

30 接种了宫颈癌疫苗,是不是就不用做宫颈癌筛查了

目前很多人认为,接种了宫颈癌疫苗,就完全和宫颈癌隔绝了,甚至有的人即使出现了一些妇科疾病,认为自己接种了宫颈癌疫苗,肯定不会再患宫颈癌,所以也不去医院检查,之前定期进行的宫颈癌筛查也不做了。那么,是不是接种了宫颈癌疫苗就万事大吉,不用再做宫颈癌筛查了?

答案当然是不行的,即使接种了宫颈癌疫苗,宫颈癌筛查仍不能忽视!

通过早期筛查、早期诊断、早期治疗,宫颈癌前病变可得以及时诊断与治疗,降低宫颈癌的发生率,同时宫颈癌的早期诊断,可提高宫颈癌的治愈

率与生存率，能够极大地改善患者预后。所以说宫颈癌的筛查非常重要。

（1）年龄：对 21 岁以上有性生活史的女性，要做宫颈细胞学检查，目前常用 TCT 筛查，如无异常，可每 3 年筛查 1 次，直到 29 岁；对 30～64 岁女性，HPV 可以每 5 年检查 1 次，或 TCT 每 3 年检查 1 次；对 65 岁以上者，如果连续 3 次 TCT 正常，或连续 2 次 HPV 检查阴性者，就没有必要再检查。

（2）采用方法：可以根据患者的年龄和病情，采用 TCT 或 HPV 筛查，单用或联合使用，以提高筛查的准确率。

31 女性在"四期"能接种宫颈癌疫苗吗

女性"四期"是指月经期、哺乳期、妊娠期和备孕期。月经期可以接种任何一种宫颈癌疫苗。哺乳期建议接种要慎重，原则上推迟接种。妊娠期避免接种。备孕期间，建议不要接种；接种宫颈癌疫苗半年后再考虑怀孕。

防治与调护

 为什么维护性健康要从娃娃抓起、从父母做起

（1）性别角色的塑造和培养要从娃娃抓起：在性别角色的塑造和培养过程中，最重要的就是性别认同。性别认同是个人对自身是男性或女性的认知、确信和态度。2～5岁是性别意识树立的关键期，相关研究表明，在2岁左右，宝宝就能进行模糊的性别辨认。很多家长会因为好玩，给男宝宝穿女装。在性别塑造的关键时期，妈妈们千万不要这样做，这样做很有可能会模糊宝宝的性别认知，导致后期性别认知模糊。那我们该如何培养孩子的性别角色意识呢？

☺ 在日常生活中培养孩子的性别意识，比如可以从日常洗澡开始，爸爸带男宝宝洗澡，妈妈带女宝宝洗澡。一边洗澡，一边普及性别生理知识。告诉孩子，哪些地方属于自己的隐私部位，要保护好自己的隐私部位，同时也不可以侵犯别人的隐私部位。当然还可以通过读一些帮助宝宝认识身体的性教育绘本来培养孩子的性别意识。

☺ 也可以使用寓教于乐的方式进行性教育。通过游戏帮助孩子确立性别意识，比如过家家等，男孩扮爸爸，女孩扮妈妈。同时通过扮演的外形和穿搭加深基础的印象，男孩短发、穿短裤，女孩扎辫子、穿裙子，另外给自己的小玩偶搭配衣服和首饰等，来帮助孩子确立性别意识。还要正确对待孩子的性别刻板印象，5～6岁的儿童获得了严格的性别刻板印象，男孩更多关注"男孩"的东西，女孩更关注"女孩"的东西，到了7～8岁，随着儿童开始吸收和整合冲突信息，儿童的性别信念也变得更加复杂和灵活多变。所

以这个时期，家长不要规定男孩、女孩一定要做什么、不要做什么。

（2）培养正确性取向：父母要以身作则，起榜样作用，与孩子同性的家长要以身作则，以行动感染孩子和影响孩子。父母应让孩子知道，性别不同，在家庭中扮演的角色不同。其次父母要让孩子明确自己的性别，在孩子对自己的性别没有明确判断时，父母要给他（她）正确的认可，此时期应让孩子的穿着打扮符合孩子自身的性别。

（3）保护好未成年孩子，避免性侵害：家长要给孩子普及有关性健康的知识，并教会孩子如何保护自己。比如要教育孩子隐私部位一定不能让别人看和触摸，如背心、内裤遮盖的部位不许别人看、不许别人触摸；父亲要对女儿有亲近的动作时，比如搂抱等，一定要经过孩子的许可，不然以后有人搂她，可能她不会抗拒；少亲吻孩子的嘴，否则孩子会误认为嘴巴可以随便亲。另外，告诉孩子放学回来要结伴而行、不落单。尽量和朋友、同学同行，不独自走夜路或者到偏僻的地方，更不能贪图便宜接受他人的食物、饮料或者财物，防止掉入坏人设下的圈套。父母要培养孩子的安全意识，比如未成年人独自在家时，注意关门，拒绝陌生人进屋；晚上单独在家睡觉，切记锁好门窗。如果发觉有陌生人进入室内，要及时报警并保护好自己。若受到了性侵害，要尽快告诉家长或报警，切不可因为害怕而延误时间、丧失证据，让犯罪分子逍遥法外。另外，未成年人也要学会抵制诱惑，比如要养成良好的上网习惯，不进入淫秽色情的网站，更不要出入迪厅、酒吧、夜总会等场所，抵制不良信息，避免接触危险场所和人群。

（4）引导孩子学习性知识，提高性健康意识：父母要学习相关的性知识，主动引导孩子。家长要认识到家庭性健康对于孩子成长的重要性，弥补孩子生理知识方面的空白，避免因家庭性健康知识缺失而可能给孩子造成的危害。比如从二三岁开始，父母尤其是与孩子同性别的父母就要给孩子进行性知识的启蒙，幼儿阶段就可以进行一些性知识的教育，小学阶段应该拓展知识广度，可以买一些儿童性教育图书和画册进行辅导教育；进入中学以后，面对青春期的孩子，要全面普及性教育，比如性发育、性法律、性伦理和性道德等，同时引导孩子自行去阅读性健康相关知识的图书，尊重孩子隐私，鼓励孩子坦诚沟通交流青春期的困惑和成长的烦恼，引导孩子正确对待性发育、早恋、性冲动等敏感问题，以利于孩子身心健康的发展。

（5）倡导性文明，遵守性道德：作为父母，在两性关系上要择机给孩子灌输倡导性文明、遵守性道德的行为理念。首先要树立男女平等、相互尊重的良好性道德观，引导孩子正确地与异性交往。青春期性道德，主要指青春期阶段维系和调整青少年男女之间的道德规范和行为准则。与异性交往应遵守活动内容有益、健康的原则，避免庸俗低级内容。健康的异性交往对中学生的身心发展是有益的，有些中学生害怕与异性交往而故意压抑自己不与异性交往，这样对身心健康很不利。其次要让孩子明确自身的责任与义务。青少年应珍惜时间，努力学习，明确自身的责任和义务，不仅要学知识，还要学修身做人，不断提高自己的思想道德素质和社会实践能力，要用道德修养和自身意志来理智地控制自己的感情和行为，自觉拒绝性诱惑，正确对待性冲动，立志高远，健康成长。

 如何预防性早熟

（1）避免不良信息的影响：现在的很多电视剧、网络，甚至是动画片等，都有很多儿童不宜的内容，这些都会引起儿童心理、情绪上的早熟。家长们应该对孩子每天看的节目、书籍，包括游戏情节把好关。另外，家长也不要在孩子面前谈论成人的话题。

（2）注意饮食：不要让孩子食用含有激素的及反季节的水果和蔬菜，应多食用蛋白质含量高的食物，多吃一些新鲜的时令水果和蔬菜，避免给孩子食用营养滋补品及饮料等，也要少食甜食和脂肪含量高的食物。

（3）避免肥胖：研究表明，肥胖儿童更易出现性早熟。因为过度的肥胖会影响孩子的激素分泌，从而发生性早熟。控制体重的关键是注意饮食，避免大鱼大肉，注重荤素搭配、营养均衡。少吃或不吃油炸食品。同时也要让孩子坚持锻炼，锻炼不但能增强体质，也能消耗掉过多的能量。

（4）改正不良的生活习惯：避免孩子接触避孕药、成人化妆品等，尽量让孩子跟家长分床、分房睡，家长也应避免与异性子女有过多密切的身体接触。

（5）注意孩子的生长发育：作为父母，或承担孩子抚养主要责任的其他家庭成员，如爷爷、奶奶或外公、外婆等，如果发现青春期前孩子身高生长太快，或发现孩子的第二性征出现较早，如男孩睾丸明显增大，女孩乳头色素加深、乳房隆起，并长出阴毛，应及时看医生。

 如何应对过度手淫

手淫的出现标志着性心理和性生理发育逐渐成熟，尤其对男性而言，适度的手淫有益于身心健康，但过度手淫会对身心健康造成较大影响，必须戒除。

（1）转移注意力：每天的工作和生活尽量过得充实，可做一些事情来转移注意力。可以通过听音乐等方式来缓解性冲动。每天坚持进行体育锻炼，比如长跑、打球等，这样做能缓解紧张感，让身体以积极的状态来专注于某件事情。另外，多吃蔬菜和水果，来保证身体健康所需要的能量。

（2）避免独处：应积极参加集体活动，接受或者给予他人更多的社交邀请，多和朋友聊天等。另外，回到家后不妨看电视剧或听音乐，或多读书，或做一顿丰盛的晚餐等度过一个人的时光。这样做不仅会减少手淫的冲动，同时也能让一整天变得更加充实。

（3）避免接触不良信息：部分人在上床睡觉前或者洗澡的时候会有手淫的习惯，要避免相关诱惑。手淫次数太多的原因通常是经常看色情片或者色情书籍。所以，要避免阅读或观看有关性话题的书籍或音像制品。

（4）要有决心、有毅力：一下子戒掉手淫是不现实的，需要一个过程，在这个过程中对自己完全戒除手淫要充满信心，要有决心和毅力，更要有坚强的意志，要求自己承诺做到的事情一定做到，如不看黄色书籍等。

 如何应对性心理障碍

性心理障碍病因复杂，其治疗也比较棘手，要视患者具体情况而定。从婴儿出生后即正确培养，加强青春期性知识普及教育，加强婚姻法制观念的学习，树立正确的人生观，引导其向正常性行为方向发展。一旦出现不正常性心理障碍，及时求治以防止其发展。目前有以下几种防治方法。

（1）精神分析疗法：它是通过医患之间的交流，施行心理疏导，从正面阐述正常性心理状况及性心理障碍的发生情况，通过认识疗法，让患者对治疗的目的、意义、方法、效果等全面了解。

（2）行为疗法：是目前治疗性心理障碍比较有效的一种方法。它通过围绕性兴奋或性高潮能力，运用变换刺激方式和强化训练方法以实现性行为的重建。

（3）药物疗法：包括使用性激素、抗抑郁药、抗焦虑药等，其目的是帮助患者消除某些抑郁、焦虑等不适症状和减少异常性冲动机会，防止产生不良后果。但单凭药物治疗难以痊愈，多作为一种辅助治疗。

（4）生物反馈疗法：是利用现代生理科学仪器，通过人体生理或病理信息的自身反馈，使患者经过特殊训练后，进行有意识的意念控制和心理训练，从而消除病理过程，帮助患者恢复身心健康的新型心理治疗方法。如男性通过调整阴茎勃起，建立正常的性兴奋信号，消除异常性冲动的发生等。

 如何应对**性焦虑**

（1）查找病因：性焦虑的产生多与性知识的缺乏有关，如过分严厉的禁欲主义教育，婚前对性交知识一无所知，新婚时担心处女膜是否完整，以及害怕意外妊娠等，都是引起性焦虑的重要原因。

另外一些情景性因素也能导致性焦虑，如两人不是合法的夫妻，或性生活时所选的地方不太安全、不够隐蔽等。性焦虑也可以是其他性功能障碍或性心理障碍的一部分，例如初次性交没有成功的夫妻，面临再次性交时也会出现性焦虑。

没必要因为偶尔一两次的发挥失常而感到压力，因为实际上不可能每次性交都是完美的。另外性生活的时间和技巧也是具有个体差异的，不可强求千篇一律。

（2）多关心爱护：对于很多女性来说，如果男性能更多地去探索伴侣身体上其他的敏感部位，不但能减小压力，还能增添不少的乐趣。女性的感官接触不一定就是要求性行为，夫妻生活包含许多方面，不一定每次都要伴有性交。当妻子主动拥抱你时，不一定是发出性交信号，也许她只想寻找一种温馨的感觉而已。

若夫妻性生活时多注意一些细节，譬如给伴侣准备一份小礼物，在卧室播放一些流行的情歌，关掉手机，让孩子外出游玩等，这样就可以营造一个完全不被打扰、气氛浪漫的环境，同时也让双方没有后顾之忧。

（3）制造小浪漫：夫妻俩独处时，可以点起蜡烛吃晚餐，或者两人腿上盖毛毯在阳台上看月亮聊天，重温初恋柔情……现在不少夫妻还时兴一种"情人做爱方式"，即不时地到宾馆去过夜，以一种休闲的方式享受性生活，心情往往特别轻松，既可淡化压力，又可增进夫妻间的亲密度。

（4）必要时就诊：当然如果持续不能缓解，应积极就诊。

 如何做好男性外生殖器官的健康护理

（1）重视内裤选择：男性尤其是未婚、未育的男性要穿通风、透气的纯棉内裤，因为睾丸的生精需要一个特定温度，温度过高会影响睾丸的生精功能，可能会诱发男性不育。当然，也不宜长时间穿紧身牛仔裤。

（2）注意局部清洁：男性要养成每天对自己的外生殖器官进行清洁的习惯，尤其是对包皮过长的男性，一般用清水或肥皂清洗即可，也可用市售的纯中药洗剂适量外洗。包皮过长者，建议尽早进行包皮环切术。包茎者，必须手术。还要做到勤洗、勤换内裤，最好不要超过3天。遗精者，遗精后立即清洁外生殖器官，并多喝白开水。

（3）不宜久坐：久坐可以引起阴囊部位温度升高，可能会诱发不育或诱发前列腺炎、精囊炎或阴茎头包皮炎等。

 如何做好女性外生殖器官的健康护理

（1）尽量不穿紧身内裤：很多紧身内裤材质属于偏硬的布料，容易对外生殖器官的皮肤产生挤压和摩擦，引起外生殖器官皮肤损伤，导致病菌感染。

（2）不要久坐：久坐、长期不活动，外生殖器官会透不过气，容易滋生病菌。因此，能站起来走动的情况下，尽量多站起来走动走动。

（3）注意清洁：要注意日常清洗，每晚用温水冲洗外生殖器官（不可滥用各种外阴洗剂，如果需要，应在医生指导下使用），保持外生殖器官的洁净和干燥，以减少病菌滋生。

（4）养成良好的生活习惯：饮食要清淡，避免过多食用辛辣食物，平时要多喝白开水。坚持适度锻炼，保持良好心情。

（5）谨慎使用药物：有些阴道松弛与雌激素水平下降有关，尤其是中老年女性，可以使用激素相关药物来延缓私处退化的情况。但药物治疗对于已经造成损伤的情况效果不是很好，长期服用药物也会带来其他副作用，因此需要在医生的指导下服用。

（6）洁身自爱，房事有节：对于已婚女性，要保持规律的性生活，注意性生活前后的清洁卫生；要洁身自爱，避免感染性病。

（7）定期妇科检查：建议有性生活的成年女性每年做 1 次妇科检查，因为很多妇科疾病在发病前期是没有任何症状的，所以要定期检查。

（8）产后修复：建议产后女性重视盆底肌的修复锻炼。

 治疗早泄常用的单方、验方有哪些

（1）五倍子汤：五倍子 30 克。把五倍子放入锅中，加水适量，用小火煎煮半小时，趁热熏蒸外生殖器官（阴部）数分钟，待药温后浸泡阴茎头，至凉为止。若重复使用，应加热，一般 15 ～ 20 天为 1 个疗程。无论何种早泄均可配合使用。

（2）五倍骨丸：五倍子 250 克，龙骨 30 克，茯苓 60 克。将上药共为细末，制成糊丸，每次 6 克，每天 2 次。具有收敛固精之作用，适用于各种早泄。

（3）和乐丹：淫羊藿、五味子、菟丝子、山茱萸、桑椹、制何首乌各等份。上药共为细末，制成水丸，每次 6 克，每天 3 次，1 个月为 1 个疗程。用药期间，节制性生活。适用于肾阳亏虚所导致的早泄。

（4）早泄酒：金樱子 500 克，党参、续断、淫羊藿、蛇床子各 50 克，白酒 2 500 毫升。将上药置于瓶中，浸白酒，密封瓶口，15 天后启用，每日早、晚据自身酒量服用，连用 10 天为 1 个疗程。适用于肾虚不固所导致的早泄。

（5）早泄汤：金樱子 15～30 克，粳米 100 克。水煎服，每天 1 剂，早、晚服用。适用于肾气亏虚所导致的早泄。

 用于早泄的食疗方有哪些

（1）香椿鱼：鲜香椿叶 250 克，植物油 500 克。鲜香椿叶洗净、切碎，放入调好的面糊，加食盐适量拌匀。植物油烧热，把香椿糊用勺慢慢放入油锅中，形成一条小鱼状，炸焦黄后食用。适用于早泄伴阴囊潮湿、口干、口苦、舌苔黄腻等。

（2）泥鳅炖豆腐：泥鳅 500 克，豆腐 250 克，食盐适量。将泥鳅去鳃和内脏，洗净放入锅中，加水、食盐各适量，清炖至五成熟时加入豆腐，再炖至泥鳅烂熟即可。吃泥鳅和豆腐，并饮汤。适用于早泄伴阴囊潮湿等。

（3）薏苡米粥：薏苡仁 30 克，淀粉少许，白糖、桂花各适量。将薏苡仁放入锅中，加水适量，待薏苡仁煮熟后放入淀粉少许，再加入白糖、桂花即可。此粥可作早点和夜宵食用。适用于早泄伴舌苔黄腻、阴囊潮湿等。

（4）熘炒黄花猪腰：猪腰 500 克，黄花菜 50 克，葱、姜、蒜、食盐、白糖、植物油各适量。猪腰切开，剔去筋膜和臊腺，洗净切成腰花块，黄花菜用水泡发然后切段，炒锅中置植物油烧热，先放入葱、姜、蒜之后，再爆炒猪腰，至变色熟透时，加黄花菜、食盐和白糖炒，勾芡，汤汁明透起锅，随意食用。适用于早泄伴腰膝酸软、乏力、遗精等。

（5）龙眼枣仁汁：龙眼肉、炒酸枣仁各 10 克，芡实 12 克。将药物放入锅中，加水适量，共煎取汁，不拘时饮之，可经常食用。适用于早泄伴心烦、失眠、健忘、遗精等。

（6）核桃板栗糖羹：核桃仁、板栗各 30～50 克，白糖适量。先将板栗炒熟去皮，再与核桃仁共捣成泥，加入白糖拌匀即可，不拘量随意食用。适用于早泄伴腰膝酸软、遗精、发干易脱等。

（7）桑椹酒：鲜桑椹汁 100 克或干品 300 克，糯米 500 克，酒曲适量。

把鲜桑椹汁（或干品煎汁去渣）与糯米做成干饭待凉，加入酒曲，拌匀发酵为米酒，每天根据自己的情况随意食用。适用于早泄伴腰膝酸软、两眼干涩、心烦、盗汗等。

（8）皂羹面：白面条 100 克，羊腰 1 对，食盐、胡椒各适量。羊腰去油膜，煮熟切开，先煮面条，然后放入羊腰煮熟，再放入食盐、胡椒即可食用。适用于早泄伴四肢怕冷、腰膝酸软、乏力等。

 治疗早泄常用的中成药有哪些

（1）金锁固精丸：具有补肾摄精的作用。适用于肾精亏虚所导致的早泄。

（2）五子衍宗丸：具有补肾益精的作用。适用于肾精亏虚所导致的早泄。

（3）归脾丸：具有养心健脾、固涩精气的作用。适用于心脾两虚所导致的早泄。

（4）知柏地黄丸：具有滋阴降火的作用。适用于阴虚火旺所导致的早泄。

（5）龙胆泻肝丸：具有清利肝胆湿热的作用。适用于肝胆湿热所导致的早泄。

（6）逍遥丸：具有疏肝健脾的作用。适用于心脾两虚所导致的早泄。

（7）龟龄集胶囊：具有固肾补气、增进食欲的作用。适用于肾气亏虚所导致的早泄。

（8）罗补甫克比日丸：具有温补脑肾、益心填精的作用。适用于肾精亏虚所导致的早泄。

 如何预防早泄

（1）养成良好的生活习惯：预防早泄要从年轻未婚时做起，要养成良好的生活习惯，勿过度手淫，生活起居要有规律，婚后要注意节制性生活，有规律地进行性生活。

（2）适度锻炼：既可提高身体素质，又可愉悦心情。选择自己喜爱和适合自己的运动方式，如打球、跑步等。

（3）调畅情志：要以豁达、开朗、乐观的态度对待工作、学习和生活中出现的烦心事，时时保持一种良好的心态。

（4）治疗原发病：积极治疗可能导致早泄的各种疾病，如高血压、糖尿病等；同时注意某些药物对性功能的影响。

（5）加强相关知识的学习：夫妻双方要正确掌握有关的性知识，了解男女之间性生理的差异，对偶尔发生的早泄，女方应充分理解，多给男方一些包容、鼓励和安慰，以帮助其克服恐惧、紧张和内疚的心理，切忌讽刺、挖苦、埋怨对方。

（6）其他：对包茎者，必须尽快手术；对包皮过长者，注意局部卫生，建议进行包皮环切术。

12 ED 患者如何饮食调理

ED 患者除积极进行药物治疗外，平时还应注意饮食调理。合理的饮食有助于恢复性功能。饮食应以清淡、营养丰富、含蛋白质较多的食物为主。

（1）常用的食物：①肉食海鲜类，如蚕蛹、虾、鳗鱼、甲鱼、羊肉、蛤蚧等。②蔬菜类，如山药、黑木耳、菠菜、韭菜等。③干鲜果类，如核桃仁、葡萄干、黑芝麻、莲子、大枣、龙眼肉等。

（2）常用食疗方：①炖冬虫鸡。冬虫夏草 10 克，柴母鸡 1 只。将鸡宰杀后去毛开膛取出杂物洗净后，将柴母鸡同冬虫夏草放入锅内，加水适量，炖 1 小时左右，待鸡肉烂熟时，加食盐和味精各少许调味，食肉饮汤。适用于肾精亏虚所导致的 ED。②苁蓉炖羊肉。肉苁蓉 25 克，生姜 150 克，羊肉 1 000 克。将肉苁蓉、羊肉、生姜放入锅中，加水适量，再加葱、蒜、食盐各少许，一同炖烂熟，分餐食用。适用于肾阳亏虚所导致的 ED，症见夜尿多、畏寒、四肢不温等。③虫草炖甲鱼。冬虫夏草 10 克，大枣 10 枚，甲鱼 1 只。将宰好的甲鱼切成 3 ～ 4 块，放入锅内煮一下捞出，割开四肢，剥去腿，油洗净。冬虫夏草用温水洗净，大枣开水泡涨。甲鱼放在汤碗中，上放冬虫夏草、大枣，加料酒、食盐、葱节、姜片、蒜瓣各适量，上笼蒸熟后食用。适用于肾阳亏虚所导致的 ED,症见腰膝酸软、少气懒言、怕冷等。④银耳鹿胶汤。银耳 30 克，鹿角胶 10 克，冰糖 2 克。将银耳洗净放入砂锅中，加水适量，小火煎煮，熟后再入鹿角胶和冰糖，煮熟即可食用。适用于肾精亏虚所导致的 ED，症见经常头晕腰酸、射精量少等。⑤红参枸杞汤。红参 10 克，枸杞子 20 克，大枣去核 5 枚。先将上物放入锅中，加水适量，浸泡 40 分钟，然后煎煮，煮沸后改为小火，再炖 1 小时左右，喝汤吃红参、大枣。适用于肾气虚所导致的 ED，症见神疲乏力、精神不佳等。⑥虾仁煨羊肉。羊肉 250 克，虾仁 25 克。将羊肉洗净切块放入锅中，加水适量，微火煨炖，待七成熟时加虾仁、生姜 5 片，煮熟后加食盐、味精各少许，即可食用。适用于肾阳亏虚所导致的 ED。⑦薏仁扁豆粥。生薏苡仁 50 克，赤小豆 50 克，生扁豆 50 克。将上物放入锅中，加水适量一起熬煮，待粥成后可随意食用。适用于湿热下注所导致的 ED。

治疗 ED 常用的单方、验方有哪些

（1）淫味汤：淫羊藿、五味子各等份，水煎服，每天 1 剂，早、晚服用。适用于肾阳亏虚所导致的 ED。

（2）蜈蚣散：蜈蚣焙干，研末，每次 0.5 克，每天 2 次，空腹用黄酒送服，20 天为 1 个疗程。适用于瘀血内停、经络阻滞所导致的 ED。

（3）阳起石饮：阳起石 50 克，水煎服，每天 1 剂，早、晚服用。适用于肾阳亏虚所导致的 ED。

（4）蚕蛾散：雄蚕蛾 30 克，小火焙干研末，每晚吞服。适用于肾阳亏虚所导致的 ED。

（5）蛤蚧鹿茸粉：蛤蚧尾 10 克，鹿茸 5 克，共研细末，上药分 10 包，每次半包，空腹服用。适用于肾阳亏虚所导致的 ED。

（6）枸杞淫羊饮：枸杞子、淫羊藿各 10 克，用开水浸泡 15 分钟后代茶饮，每天数次。适用于肾阳亏虚所导致的 ED。

（7）加味二妙散：炒苍术 10 克，炒黄柏 5 克，肉桂 2 克（后下），半夏 10 克，制天南星 10 克，炙远志 5 克，石菖蒲 10 克，金樱子 12 克，芡实 11 克，煅牡蛎 25 克（先煎），莲须 10 克，蛇床子 10 克，细辛 2 克。水煎服，每天 1 剂，早、晚服用，15 天为 1 个疗程。适用于湿热下注所导致的 ED。

（8）红参熟地汤：红参 10 克，熟地黄 30 克，黄芪 25 克，白术 15 克，

巴戟天 15 克, 山茱萸 10 克, 柏子仁 10 克, 五味子 5 克, 远志 5 克, 肉桂 5 克, 枸杞子 15 克, 乌药 15 克。水煎服, 每天 1 剂, 早、晚服用。适用于脾肾亏虚所导致的 ED。

 对性功能有不良影响的药物主要有哪些

> 2009 年 3 月的一天上午, 23 岁的张先生在父亲的陪伴下前来就诊。张先生告诉医生, 他结婚已经 1 年, 但阴茎不能勃起, 就没有过正常的性生活, 现在妻子闹着要离婚。患者思想压力很大, 父亲也很着急。医生对他进行相关检查后, 没有发现导致他勃起功能障碍的原因。在医生的再三询问下, 他的父亲才说, 孩子患精神分裂症 5 年了, 长期吃氯丙嗪等药物。原来张先生患勃起功能障碍是服用抗精神病药所引起的。于是医生提出治疗的三点建议: 一是让张先生与精神科医生沟通, 在控制病情不发作的情况下, 尽可能降低抗精神病药的用量; 二是采用中医综合疗法, 也就是说在辨证服用中药的同时, 配合针刺、艾灸、中药离子导入等疗法; 三是让其妻子参与治疗, 医生与她进行沟通, 让她对其丈夫抱有信心, 并多给丈夫鼓励与安慰。经过 4 个月的调理, 张先生终于可以过正常性生活了。

临床上像张先生一样因服用某些药物引起勃起功能障碍的情况并不少见, 有关报道指出, 因药物引起的勃起功能障碍约占 25%。常见的主要有以下几类。

(1)降血压药: 几乎所有降血压药对性功能都有一定影响, 其中影响最大的就是中枢性降压药和影响交感神经递质的药物。如甲基多巴、可乐定、利血平、胍乙啶等。

(2)主要作用于中枢神经系统的药物: 如地西泮(安定)、阿普唑仑、舍曲林、氯丙嗪、氯氮䓬(利眠宁)、碳酸锂、苯妥英钠、氯米帕明(氯丙米嗪)等。

(3)其他药物: 阿托品、溴丙胺太林(普鲁本辛)、氯苯那敏(扑尔敏)、苯海拉明、西咪替丁（甲氰咪胍）、螺内酯（安体舒通）、氯贝丁酯（安妥明）、非那雄胺等。

 如何预防 ED 的发生

（1）保持心情舒畅：ED 的发生与精神因素密切相关。所以无论任何时候，都应保持一个良好的心情，遇到烦心事要想得开、放得下，切忌忧愁、郁怒。长时间的情绪压抑，会严重影响阴茎的正常勃起。

（2）健康饮食：要养成良好的生活习惯，饮食有节，不可大量或长期饮酒，饮食宜营养合理，科学搭配，少食辛辣肥甘，以免蕴湿生热而引起勃起功能障碍。也可以在医生的指导下，服用一些食疗方。

（3）房事有度：未婚青年要正确对待性行为，远离黄色书刊、音像；要养成良好的生活习惯，切勿过度手淫；对偶尔发生的手淫，切勿自责、后悔、高度紧张。已婚者要节制房事，切勿恣情纵欲，当然也不能禁欲。在心情不佳、身体疲劳或患病期间，应暂停性生活。

（4）要加强性知识的学习：获得健康正确的性信息，树立正确的性观念，做出正确的性行为，增强性保健意识，掌握一定的性技巧等，对预防 ED 的发生具有重要意义。

（5）积极治疗其他疾病：如果患病，如高血压、高血脂、心血管疾病、糖尿病、肝病等，应积极治疗，因为这些病也是引起 ED 的主要因素。

（6）注意有些药物对性功能的影响：有些药物长期或大量服用可以引起 ED，因此要尽可能选用对性功能影响小的药物。

（7）坦然对待偶发性 ED：有些人对偶发的一次性交失败非常恐惧，认为自己有问题，整日焦虑、压抑，久而久之就易引起 ED。一两次偶发性 ED，实际上很正常，就同我们的一日三餐，偶尔一餐吃不好、吃不饱一样，对身体的健康不会有影响。另外，男性偶发性 ED 时，女性更应充分理解和包容，并给予男性更多的关心和体贴，切勿指责、埋怨对方。

（8）建立良好的家庭关系：许多研究资料表明，夫妻之间的不和谐、不互相欣赏、没有吸引力等都可以引起 ED。因此要培养良好的夫妻感情，构建幸福快乐的家庭关系，即使在家里，也要注意形象，不要邋遢，保持必要的"神秘感"，这对预防 ED 的发生非常重要。

（9）注意保护会阴部，避免外伤：会阴部损伤对勃起功能有影响，所以参加某些活动时，如骑自行车、跨栏、从高处朝下跳等，要注意加强对会阴部的保护。

（10）加强锻炼：强健的体魄，是良好性功能的基础。所以在这里我们要劝告男士们，无论再忙也要抽出一定时间锻炼身体，尤其是已经发胖的男士更要注意了！

16 射精痛如何治疗

（1）查找病因：遇到射精痛时，不要紧张，及时看医生，积极查找病因。由于生殖系统炎症，如前列腺炎、精囊炎、射精管炎、后尿道炎等引起的射精痛，要及时用抗炎药等治疗。对于包皮过长、包茎、生殖器官先天异常、输精管结扎术后痛性结节、生殖器官癌症、阴茎海绵体硬结症及泌尿系结石等引起的疼痛，可考虑手术治疗。对因精神、心理问题等引起者，要进行相应的性心理的疏导，以改善焦虑、不安情绪。

（2）保持良好的生活习惯：治疗期间要戒烟酒，禁辛辣。要减少或停止性生活，以尽快恢复健康。不要久坐，坚持适度锻炼。

17 如何预防性功能早衰

（1）早预防：从青年时期抓起，勿过度手淫；婚后要养成规律的性生活习惯，切勿过度。前人总结了很多好的做法，如心情豁达，情绪平稳，精神意志专一，酒后不可行房事，房事前不宜过饱，环境、温度要适宜。开始交合时阴茎宜浅入，慢慢插入，动作不要过于猛烈等。

（2）不做力所不及的事、不纵欲：要注意保护生殖器官，性交要掌握一定的度。性交时要舒缓而为，一定要做到行其事而不纵欲，享其乐而元气储备。要注意加强营养，只有这样才能保持身体健康和性功能的正常。

（3）有病及时治疗：一旦身体患有某种疾病，如糖尿病、心血管疾病、高脂血症等，一定要及时治疗。

（4）注意某些药物对性功能的影响：当患有某种疾病必须使用药物时，一定要注意这些药物对性功能的影响，在保证治疗效果的前提下，尽可能用对性功能影响小的药物。

（5）养成良好的生活习惯：戒烟，不酗酒，不吃对性功能有影响的食物等。要以良好的心态对待生活和工作当中遇到的困难、挫折等，保持天天都有好心情。

（6）加强锻炼，增强体质：无论您有多忙，一定要选择一个适合您的运动方式，如打球、慢跑、散步和游泳等，并且一定要坚持。健康的身体是一切的根本，当然也是良好性功能的基础。

18 预防性功能早衰常用的单方、验方有哪些

☼ 龟龄集胶囊，每次 2 粒，每天 1 次，空腹淡盐水冲服。

☼ 党参、当归各 15 克，淫羊藿、巴戟天、盐杜仲、酸枣仁、牡蛎各 12 克，水煎服，每天 1 剂，早、晚服用。

☼ 鹿茸 15 克，置白酒 500 毫升中，密封 1 个月后开瓶饮用。每次 20 毫升，每天 1 次。不可过多饮用。

☼ 五味子、黄精各 20 克，金樱子、女贞子、桑螵蛸、牡蛎各 15 克，补骨脂、益智仁各 12 克，水煎服，每天 1 剂，早、晚服用。

☼ 人参 10 克，黄芪 24 克，白术 20 克，黄精 10 克，当归 10 克，川芎 10 克，白芍 15 克，续断 15 克，甘草 6 克，水煎服，每天 1 剂，早、晚服用。

☼ 薏苡仁 50 克，赤小豆 30 克，先洗净，浸泡数小时后用豆浆机打糊，可以长期作为早餐食用。

☼ 核桃仁 30 克，山药 50 克，大枣去核 5 枚，黑米 50 克，先洗净，浸泡数小时后用豆浆机打糊，可以长期作为早餐食用。

19 如何预防阴茎异常勃起

☼ 节制房事，勿过度手淫。

☺ 避免各种强烈的性刺激，不要酒后纵欲。

☺ 不要自行购买和服用所谓的"壮阳中成药"或"催情药物"等。

☺ 在日常活动中注意会阴部和阴茎的保护，以免发生外伤。

☺ 一旦发生阴茎异常勃起，不要紧张，应尽早到医院治疗。

20 性欲低下怎么办

大多数性欲低下是由精神因素引起的，可采用精神心理疗法。协调夫妻关系，调整心态，加强夫妻间的情感交流和性生活中感受的交流，对于一时性欲低下或勃起功能障碍，妻子要给予安慰和鼓励。夫妻间的信任、和睦、尊重以及充分交流是预防和调理性欲低下的关键。

对于因器质性疾病引起的性欲低下，应积极治疗原发病。因使用某些药物所引起者，要尽可能换用对性欲影响较小的药物。要积极参加体育锻炼，调畅情志。

21 如何治疗性欲亢进

一般情况下，性欲亢进者通过夫妻之间的感情交流，树立正确的生活观、价值观，养成良好的生活习惯，把自己过剩的精力投入到工作、学习中，不必服药就可以缓解。如果上述方法还是不能解决问题，就要进行适当的治疗。首先要查明原因，有针对性地治疗各种原发病，减少易引起性欲亢进药物的剂量，或改用其他药物治疗等。如无器质性病变，夫妻可以适当分开一段时间，同时进行心理治疗和性教育，多参加文娱体育活动。其次可适当服用镇静药等。另外，采用中医进行辨证治疗，往往可取得很好的效果，如阴虚火旺者用大补阴丸加减；心肾不交者用黄连清心饮加减；肝经湿热者用龙胆泻肝汤加减等。在此提醒，药物请在医生指导下使用。

22 如何应对女性更年期综合征

（1）积极参加体育锻炼：运动是更年期女性保证身心健康的良方，适度的运动可以帮助更年期女性增强体质，改善身体机能，同时还可以帮助控制体重。最好选择比较舒缓的运动方法，比如慢跑、健身操、太极拳、散步、自行车等。

（2）及时调整心态：在遇到不顺心的事情时，要学会放松自己，要努力保持一个愉悦的心情，凡事都要想得开、放得下。要学会"移情别恋"，转移自己的注意力，多参加一些集体活动，多与同龄人或同事、同学、朋友交流，参加户外活动、出去旅游等，愉快的心情会让人忘记很多烦恼。

（3）坦然面对：更年期是人体正常、自然衰老的一个阶段，不论我们多么抗拒，都不可逆转。只有坦然面对，以乐观与积极的态度对待更年期的来临，养成良好的生活习惯，才能安稳度过更年期。

（4）注意饮食：由于更年期女性体内的雌激素水平降低，易发生骨质疏松，所以宜吃含钙量多的食物，如豆腐、豆干等豆制品以及海藻类食品。还应补充含有维生素的食物，如全麦面包、麦片粥、玉米饼等谷物类食品，甜橙、苹果、草莓、菠菜、生菜、西蓝花、白菜及番茄等果蔬。在饮食上还要注意，少盐少糖，饮食清淡，少吃肉多吃鱼等。

（5）积极治疗：应对女性更年期综合征，合理规律的作息、积极的运动、营养的搭配以及情绪的调整，缺一不可。如经过上述调整后，更年期症状仍然无法缓解，建议尽早到医院检查。通过相关检查，由医生判断患者是否需要使用药物来缓解更年期症状。

23 如何应对男性更年期综合征

（1）适度运动：坚持每天适度运动不仅能提高心血管功能和呼吸系统功能，还能增强体质、有效减轻精神压力。更年期男性以有氧运动最佳，如快步走、慢跑、游泳、打乒乓球等，当然也可根据自身情况选择其他合适的运动项目。

（2）规律作息：作息规律不仅有助于人的身体健康，而且有助于培养自己的良好心境。一日之计在于晨，长期坚持早起不仅能让人精神饱满，还能提高记忆力，让人快速进入学习和工作状态。适当午休也可以缓解因大脑供血不足而产生的疲惫感，建议午间平躺休息 30 分钟左右。而经常熬夜则会引起身体各系统功能紊乱，加重更年期病情，因此建议每晚在 10 点前入睡，保证每天足够的睡眠时间。

（3）养成良好的生活习惯：注意合理饮食，戒烟限酒，节制房事，保持心情愉快，避免劳累，减少烦恼。

（4）合理膳食：注意营养平衡，保持健康体重，不要太胖，也不能太瘦。适当增加虾、羊肉、蔬菜、核桃等食物的摄入量，可以改善和增强性功能。

（5）乐观面对：对男性更年期的相关知识要有所了解，理性应对。出现焦虑、不安、愤怒等不良情绪要及时排解，若出现不适症状，应主动求医，及早诊治。

24 人工流产后怎么护理和调养

如果近期没有生育的计划，一定要做好避孕措施。一旦怀孕，无论采取何种人工流产措施、所谓的技术如何"精湛"，其对人体的伤害也是难免的。人工流产后，更要注意调养，避免相关疾病，如盆腔炎、子宫内膜炎及不孕症等的发生。

（1）观察阴道出血及分泌物情况：如果使用药物流产，服药期间必须接受医生的观察，看药物是否起效、药物流产是否完全。手术流产后阴道出血一般在 1 周之内，如果出血超过 1 周而且量多，并伴有下腹痛、发热、白带混浊有臭味等，就应及时到医院复查诊治。这些症状往往是手术流产异常、发生感染等的表现，应该引起高度注意，及时诊治，以防发生意外，给虚弱的身体带来更大的伤害。

（2）注意饮食调理：人工流产后半个月之内，可多吃些鸡肉、猪瘦肉、蛋类、奶类和豆类制品等。人工流产后由于身体较虚弱，出汗较多，应少量多次补充水分，减少水分蒸发量；汗液中排出的水溶性维生素较多，应多吃新鲜蔬菜、水果，同时也有利于防止便秘。在正常饮食的基础上，适当控制脂肪摄入。人工流产后 1 周内，脂肪控制在每天 80 克左右。月经紊乱者，忌食刺激性食品，如辣椒、酒、醋、胡椒、姜等，这类食品均会刺激生殖系统充血，增加月经量，也需忌食螃蟹、田螺、河蚌等寒性食物。

（3）注意休息：即使手术流产很成功，但若手术流产后的生活没有规律，人没有得到充分的休息，也会加重出血或留下后遗症。人工流产后应卧床休息2～3天，以后可下床活动，逐渐增加活动时间。在手术流产后半个月内不要从事重体力劳动，避免接触冷水。

（4）注意个人卫生：服装应保持宽松，不要穿过于紧身的衣裤。保持外阴清洁卫生，人工流产后所用的卫生巾等用品要清洁卫生，内裤要勤洗、勤晒、勤换，术后半个月之内或阴道出血未干净前不要盆浴，以免有细菌随水进入阴道，发生感染。

（5）重视生殖健康：人工流产后1个月内禁性生活。人工流产后有一个康复的过程，术后子宫口还没有完全闭合，子宫内膜也需要修复，一般需要1个月的时间。在此期间，全身以及局部的生殖器官对病原微生物的抵抗力下降，如果不注意保持外阴的清洁卫生，或过早进行性生活，很容易发生子宫乃至输卵管等部位的感染，如子宫内膜炎、盆腔炎、继发性不孕等，从而对女性生殖系统造成更大的伤害。

（6）做好避孕：防止短期内再次怀孕。有些人会错误地认为，人工流产恢复期内不会怀孕。其实，对于人工流产后多久能够恢复排卵，因人而异，有些女性在人工流产后2周即可恢复排卵，如果不避孕，首次月经之前即可能再次怀孕，这会给身体造成更大的伤害，这样的情况在现实生活中时有发生。所以只要恢复性生活，就要采取避孕措施。